北方工业大学
法学优势建设学科精品文库

GUOJISHANGSHI
ZHENGYI JIEJUEJIZHI JI
ZHONGGUOSHIJIAN DE
FAZHAN

国际商事争议解决机制及中国实践的发展

乔慧娟◎著

中国政法大学出版社

2023·北京

图书在版编目（ＣＩＰ）数据

国际商事争议解决机制及中国实践的发展/乔慧娟著. —北京：中国政法大学出版社，2023.8

ISBN 978-7-5764-1057-0

Ⅰ.①国… Ⅱ.①乔… Ⅲ.①国际商事仲裁—研究—中国 Ⅳ.①D997.4

中国国家版本馆 CIP 数据核字(2023)第 164166 号

出 版 者	中国政法大学出版社
地　　址	北京市海淀区西土城路 25 号
邮寄地址	北京 100088 信箱 8034 分箱　邮编 100088
网　　址	http://www.cuplpress.com (网络实名：中国政法大学出版社)
电　　话	010-58908586(编辑部) 58908334(邮购部)
编辑邮箱	zhengfadch@126.com
承　　印	固安华明印业有限公司
开　　本	720mm×960mm　　1/16
印　　张	12.75
字　　数	220 千字
版　　次	2023 年 8 月第 1 版
印　　次	2023 年 8 月第 1 次印刷
定　　价	59.00 元

国际商事争议解决机制概述 ▶▶▶▶

第一节　国际商事争议的概念、特点和类型

一、国际商事争议的概念和特点

国际商事争议，是指国际商事交往中各方当事人之间在权利义务方面所发生的争议。在国际商事交往中，一方面，各方当事人需要获取的利益各不相同，而且他们往往具有不同的国籍，或者分处不同的国家或地区，文化传统、法律观念、价值理念乃至语言、交流方式差异极大。另一方面，交往跨越一国国界，有关国家不尽相同的政治、经济、文化、法律背景也会对当事人的利益产生影响。凡此种种，均可能导致当事人对同一事项的不同认识，从而形成对抗。其中，需要由法律予以调整，以权利义务为内容的，即为国际商事争议。[1]与国内商事争议相比，国际商事争议的解决有其特殊性。例如，国际商事争议的当事人可以协议选择外国法院或外国仲裁机构解决争议，或选择外国法作为合同的准据法等。商事合同是否具有国际性，是起草合同争议解决条款（包括管辖权条款和法律适用条款）前必须解决的首要问题。

一般来说，国际商事争议具有以下两个特点：

第一，争议具有国际性或涉外因素。与国内商事争议相比，国际商事争议具有"国际性"。从一国的角度看，即具有"涉外性"。在国际私法上，如何认定"国际性"或"涉外性"，做法不尽相同。例如，1980 年《联合

---

〔1〕 黄进主编：《国际商事争议解决机制研究》，武汉大学出版社 2010 年版，第 4 页。

国国际货物销售合同公约》第 1 条第 1 款规定："本公约适用于营业地在不同国家的当事人之间所订立的货物销售合同：（a）如果这些国家是缔约国；或（b）如果国际私法规则导致适用某一缔约国的法律。"1985 年《联合国国际商事仲裁示范法》第 1 条第 3 款规定："仲裁如有下列情况即为国际仲裁：（A）仲裁协议的当事各方在缔结协议时，他们的营业地点位于不同的国家；或（B）下列地点之一位于当事各方营业地点所在国之外：（a）仲裁协议中确定的或根据仲裁协议确定的仲裁地点；（b）履行商事关系的大部分义务的任何地点或与争议标的关系最密切的地点；或（C）当事各方已明确地同意，仲裁协议的标的与一个以上的国家有关。"2020 年生效的《联合国关于调解所产生的国际和解协议公约》（以下简称《新加坡调解公约》）第 1 条第 1 款规定："本公约适用于调解所产生的、当事人为解决商事争议而以书面形式订立的协议（'和解协议'），该协议在订立时由于以下原因而具有国际性：（a）和解协议至少有两方当事人在不同国家设有营业地；或者（b）和解协议各方当事人设有营业地的国家不是：（一）和解协议所规定的相当一部分义务履行地所在国；或者（二）与和解协议所涉事项关系最密切的国家。"很显然，在这三个不同的国际公约中，关于"国际性"的规定存在很大差异。

关于国际性的认定，在我国立法和司法实践中，一般是指在商事法律关系的主体、客体和内容中至少有一个含有涉外因素。但在近年来的司法实践中，对于涉外因素的认定有扩大的趋势。

第二，国际商事争议是平等主体之间因商事交易而产生的争议。与国际公法所调整的国际争端不同，国际商事争议是当事人在从事国际商事交易中所发生的权利义务纠纷。在大陆法系国家，"商事"一词常常用来区分合同是否具有商事性质。各国对"商事"关系的认定也存在很大差异。多数国家认为商事的含义具有不确定性，同时应尽可能作广义解释。1958 年《承认及执行外国仲裁裁决公约》（以下简称《纽约公约》）也未能对商事一词作出统一解释。联合国国际贸易法委员会在起草《联合国国际商事仲裁示范法》时曾试图在正文中规定一个广泛的定义，但因各国分歧很大而未能如愿。[1]最后这一示范法只是在注脚中作了一个列举式的说明："商事"一词对商事关系应作广义的解释，它包括不论是契约性或非契约性的一切商事性质的关系所引起的各种争议。商事性质的关系包括但不限于下列交易：供应或交换货物或服务的任何贸易交易；销售协议；商事代表或代理；租赁；建筑工程；咨询；工程许可；投资；融资；银行；保险；开发协议或特许；合资经营和其他形式的工业或商业合作；空中、海上、铁路或公路的货运或客运。这也说明，国际商事交易具有一定的广泛性和复杂性。

关于商事关系的认定，1987 年，我国最高人民法院在《关于执行我国加入的〈承认及执行外国仲裁裁决公约〉的通知》第 2 条中作了一个解释：所谓"契约性和非契约性商事法律关系"，具体是指由于合同、侵权或者根据有关法律规定而产生的经济上的权利义务关系，例如货物买卖、财产租赁、工程承包、加工承揽、技术转让、合资经营、合作经营、勘探开发自然资源、保险、信贷、劳务、代理、咨询服务和海上、民用航空、铁路、公路的客货运输以及产品责任、环境污染、海上事故和所有权争议等，但不包括外国投资者与东道国政府之间的争端，即我国将投资者与东道国政府之间的投资争端排除在国际商事争议之外。

二、国际商事争议的类型

根据不同的标准，可以对国际商事争议进行不同的分类。

首先，根据争议的主体，国际商事争议一般可分为私人之间的争议、私人与国家之间的争议，以及国家与国家之间的争议。其中，私人之间的国际商事争议最为普遍。争议主体的不同，对争议解决方式、法律适用等，均有影响。尤其是当国际商事争议涉及国家这一主体时，还面临着国家是否享有豁免权的问题。

其次，根据争议的起因，国际商事争议可分为契约性争议和非契约性争议。前者主要是基于国际商事合同产生的争议，后者如侵权争议。争议

---

[1]　A. J. Van den Berg, *The New York Arbitration Convention of 1958: Towards A Uniform Judicial Interpretation*, Klumer Law and Taxation Publishers, 1981, p. 54.

起因不同，也可能导致争议解决方式、管辖权依据、法律适用等方面的不同。

第二节　我国关于"国际性"因素认定的司法实践和新发展

一、我国关于"国际性"因素认定的立法规定

我国《涉外民事关系法律适用法》[1]第1条规定："为了明确涉外民事关系的法律适用，合理解决涉外民事争议，维护当事人的合法权益，制定本法。"但该法并未明确何为"涉外民事关系"。根据《仲裁法》第65条的规定，涉外仲裁是指涉外经济贸易、运输和海事中发生的纠纷的仲裁。该法也未明确判定涉外仲裁的标准。

2020年最高人民法院《关于适用〈中华人民共和国涉外民事关系法律适用法〉若干问题的解释（一）》（以下简称《涉外民事关系法律适用法司法解释（一）》）第1条规定："民事关系具有下列情形之一的，人民法院可以认定为涉外民事关系：（一）当事人一方或双方是外国公民、外国法人或者其他组织、无国籍人；（二）当事人一方或双方的经常居所地在中华人民共和国领域外；（三）标的物在中华人民共和国领域外；（四）产生、变更或者消灭民事关系的法律事实发生在中华人民共和国领域外；（五）可以认定为涉外民事关系的其他情形。"

2022年最高人民法院《关于适用〈中华人民共和国民事诉讼法〉的解释》（以下简称《民事诉讼法司法解释》）[2]第520条规定："有下列情形之一，人民法院可以认定为涉外民事案件：（一）当事人一方或者双方是外国人、无国籍人、外国企业或者组织的；（二）当事人一方或者双方的经常

---

　　[1]《涉外民事关系法律适用法》，即《中华人民共和国涉外民事关系法律适用法》。为表述方便，本书中我国法律文件直接使用简称，省去"中华人民共和国"字样，全书统一，后不赘述。

　　[2] 2023年9月1日，第十四届全国人民代表大会常务委员会第五次会议通过关于修改《民事诉讼法》的决定，自2024年1月1日起施行。截至本书出版时，配套的《民事诉讼法司法解释》还未颁布。因此，本书中所列明的《民事诉讼法司法解释》即指2022年《民事诉讼法司法解释》。此外，本书中所列明的《民事诉讼法》，如无特殊说明，即指2023年新修正的《民事诉讼法》。

居所地在中华人民共和国领域外的；（三）标的物在中华人民共和国领域外的；（四）产生、变更或者消灭民事关系的法律事实发生在中华人民共和国领域外的；（五）可以认定为涉外民事案件的其他情形。"

从最高人民法院这两项司法解释可以看出，在我国司法实践中，主要从法律关系的主体、客体、内容三个方面判定涉外因素，再辅之以"其他情形"作为兜底条款。

二、商事法律关系的主体具有涉外性

（一）自然人的国籍、住所或经常居所地具有涉外性

商事法律关系的主体如果是自然人，判定涉外因素的依据主要有两个：一是国籍，二是自然人的住所或经常居所地。

关于自然人的国籍，一般来说，每个国家都有权根据自己的法律来决定谁是它的国民。我国《国籍法》第3条规定，我国不承认双重国籍。第9条规定，定居外国的中国公民，自愿加入或取得外国国籍的，即自动丧失中国国籍。该条意味着，自动丧失中国国籍必须具备两个条件：一是中国公民自愿加入或取得外国国籍，二是要定居国外。在袁某钢、包某敏骗取出境证件案中，[1]被告袁某钢于1993年以投资移民的方式花高价购买××国护照，加入××国籍，但其并未在××国定居。因此，其并不符合我国《国籍法》规定的自动丧失中国国籍的条件，在其未根据我国《国籍法》的规定办理退出中国国籍的申请并获得有关部门批准之前，其仍具有中国国籍。对于本案被告人，我国公安部门已根据我国法律的有关规定确认其只具有中国国籍，法院应以此作为认定被告人身份的依据。故上海市黄浦区人民法院与上海市第二中级人民法院认定袁某钢为中国国籍并依法管辖审理本案是正确的。此外，在司法实践中，当事人取得外国国籍后再以其原中国公民身份进行的婚姻登记，也被我国法院认定为无效。[2]

---

〔1〕《刑事审判参考》2000年第4辑，第69号案例袁某钢、包某敏骗取出境证件案——具有中国国籍同时又持有外国护照的被告人的国籍如何认定，该案尽管是刑事案件，但也涉及对自然人是否取得外国国籍的认定，也关涉法院是否适用涉外案件的审理程序问题。

〔2〕最高人民法院〔2020〕最高法行申11360号行政裁定书。

关于自然人的住所或经常居所地，《民法典》第 25 条规定，自然人以户籍登记或者其他有效身份登记记载的居所为住所；经常居所与住所不一致的，经常居所视为住所。《涉外民事关系法律适用法司法解释（一）》第 13 条规定，自然人在涉外民事关系产生或者变更、终止时已经连续居住 1 年以上且作为其生活中心的地方，人民法院可以认定为《涉外民事关系法律适用法》规定的自然人的经常居所地，但就医、劳务派遣、公务等情形除外。可以看出，我国在对自然人经常居所地的判定方面，采取的是一种叠加标准，即包含两个构成要素：一是连续居住 1 年以上；二是作为其生活中心的地方。只有具备了上述两个要素，才能被认定是经常居所地。但何为"连续居住一年以上"，是绝对连续还是相对连续，是要求连续居住 12 个月，还是要求居住时间不少于多少个月或日，司法解释并未作出明确规定。在 2017 年山东省高级人民法院审理的郭某、李某与青岛昌隆文具有限公司股东资格确认纠纷案中[1]，郭某与李某系夫妻关系，郭某户籍地址为我国台湾地区台北市，生前同时持有美国护照与台湾居民来往大陆通行证。2012 年 1 月 30 日至死亡（2013 年 8 月 20 日）前，郭某多次往返我国大陆地区，共计出入境 10 次，在我国大陆地区停留 304 天。本案中，如何认定被继承人郭某死亡时的经常居所地，成为案件争议的焦点。各方当事人的主张发生严重分歧。法院对郭某死亡时的经常居所地为我国大陆或我国台湾地区的不同判断，将导致案件裁判结果存在明显不同。本案中，一、二审法院均采信了"相对连续"观点，认定《涉外民事关系法律适用法司法解释（一）》规定的"连续居住一年以上"，并不要求当事人必须在某地无间断地居住满 365 日，而是指一种相对持续的居住状态。在居住期间，即使当事人因工作派遣、短期学习、出国旅游、赴外就医等原因导致其不能始终居住在某一地，但只要其居住状态是相对持续的，且达到 1 年以上，就不影响对其经常居所地的判断。而对于"作为其生活中心的地方"这一标准，则既要注重考察当事人的主观意愿，又要看当事人的客观生活状况，然后进行综合判断。即从当事人的主观意愿、家庭生活、社会关系、主要职业、

---

[1] 山东省高级人民法院［2016］鲁民终 2270 号民事判决书。

财产状况等各方面进行综合考察。就两个标准之间的关系而言，法院认为，二者除了是并列条件的关系，还是判断时重要的相互参考因素。也就是说，在判断是否连续居住时，除了要看当事人在某地居住的连续状态，还要看当事人主观上是否有将其作为生活中心的居住意图。在判断当事人是否将某地作为生活中心时，除了要看当事人主观上的居住意愿，还要看当事人的持续居住状态。据此，法院认定郭某的经常居所地在我国大陆。

（二）法人的国籍、住所或营业地具有涉外性

对于法人国籍的认定，我国采取的是准据法主义，即法人依据哪国法律、在哪国登记为准，确定其国籍。我国《公司法》第191条规定，该法所称外国公司是指依照外国法律在中国境外设立的公司。

在我国立法和司法实践中，对于依据中国法律成立、在中国境内登记的企业或者组织，即使其股东包含外国公司或自然人，也认定为中国法人，该主体不具有涉外性。我国《外商投资法》第2条第3款规定："本法所称外商投资企业，是指全部或者部分由外国投资者投资，依照中国法律在中国境内经登记注册设立的企业。"在司法实践中，例如江苏省南京市中级人民法院在［2014］宁民辖终字第371号民事裁定书认定："上诉人南洲环艺公司虽系外商投资的独资公司，但其系依照我国法律在中国境内登记注册的法人型企业，不属涉外纠纷案件。"[1] 在北京朝来新生体育休闲有限公司申请承认和执行大韩商事仲裁院仲裁裁决案中，北京市第二中级人民法院裁定："本案中朝来新生公司与所望之信公司（大韩民国自然人独资）均为中国法人，本案不具有涉外因素，故不属于我国法律规定的涉外合同。"[2]

在司法实践中，中国企业的海外分公司签署的合同可被认为具有涉外因素。例如，在中国银行新加坡分行（原广东省银行新加坡分行）与麦科特集装箱（惠州）有限公司、麦科特大厦、麦科特集团有限公司借款合同纠纷案中，最高人民法院裁定："新加坡分行系中华人民共和国银行在境外设立的分支机构，其营业地在新加坡，故本案具有涉外因素。"[3]

---

〔1〕 江苏省南京市中级人民法院［2014］宁民辖终字第371号民事裁定书。
〔2〕 北京市第二中级人民法院［2013］二中民特字第10670号民事裁定书。
〔3〕 最高人民法院［2001］民四终字第26号民事裁定书。

此外，在某些案件中，外国公司为合同当事人，但其不承担合同权利义务，也不影响涉外因素的认定。例如，在利夫糖果（上海）有限公司申请承认和执行新加坡国际仲裁中心仲裁裁决案中，利夫糖果（上海）有限公司（以下简称"利夫公司"）系荷兰 CSMN. V. 公司在上海设立的外商独资企业。上海联富食品有限公司（以下简称"联富公司"）系国内自然人出资设立的有限公司。2001 年 12 月 20 日，利夫公司与联富公司、案外人黄某光（马来西亚籍）就出售和购买利夫公司的资产和糖果业务签订了一份《资产购买协议》。该协议约定，黄某光作为协议约定的买方购买利夫公司的资产和糖果业务，联富公司设立后作为协议约定的"代入买方"承接黄某光的所有权利义务，该协议由联富公司继续履行。利夫公司与联富公司因协议履行发生争议，诉诸新加坡国际仲裁中心，并由该仲裁中心作出最终裁决。利夫公司向上海市第二中级人民法院申请承认和执行该裁决。在该案中，《资产购买协议》是否具有涉外因素成为争议焦点之一。联富公司认为，《资产购买协议》的签约方虽然涉及黄某光（马来西亚籍），但其仅是协议约定的中间人，不承担协议约定的任何权利义务，故协议的实际签约方是均为中国法人的利夫公司和联富公司。因此，《资产购买协议》是一份不具有任何涉外因素的合同。对此，上海市第二中级人民法院认为，本案所涉《资产购买协议》虽然是由联富公司和利夫公司最终实际履行，黄某光在协议约定的"代入买方"即联富公司出现后也不承担任何权利义务，但黄某光同样也是《资产购买协议》的签约方，且涉案裁决主文第二项亦将其列为仲裁当事人，故黄某光作为马来西亚公民签署的《资产购买协议》具有涉外因素。[1]

三、商事法律关系的标的物具有涉外性

商事法律关系的标的物是商事合同权利义务指向的对象。一般来说，标的物位于境外，法律关系即具有涉外性。例如，在天津某公司申请承认和执行中国国际经济贸易仲裁委员会仲裁裁决案中，争议标的物是否具有

---

〔1〕 上海市第二中级人民法院［2008］沪二中民五（商）初字第 19 号民事裁定书。

涉外因素为争议焦点之一。该案中，合同双方当事人均为中国公司，但双方合作共同实施的项目是位于加蓬的制药厂，最高人民法院认为："本案中，双方的争议与加蓬药厂项目及该药厂股权相关。在仲裁过程中，新华集团也一直强调，办理加蓬药厂股权的过户手续是其承担付款义务的前提，且在反请求中请求返还加蓬药厂股权红利和天津公司挪用的加蓬药厂资金及利息，说明双方争议民事关系的部分标的物在外国领域内，应属于涉外法律关系。"[1]

在司法实践中，如果合同标的物位于我国境内的保税区，未办理清关手续，我国法院则认定合同具有涉外因素。例如，在宁波新汇公司申请撤销中国国际经济贸易仲裁委员会仲裁裁决案中，当事人均为中国公司，合同约定交货方式为上海保税区现货交付。由于我国对涉外仲裁裁决和纯国内仲裁裁决的撤销事由不一致，在该案中，是否具有涉外因素为争议焦点之一。新汇公司认为本案无任何涉外因素。而美康公司认为，对于本案争议合同项下的标的物涉及在保税区未清关货物的事实，双方没有异议。而根据《保税区海关监管办法》第13条："从保税区进入非保税区的货物，按照进口货物办理手续；从非保税区进入保税区的货物，按照出口货物办理手续，出口退税按照国家有关规定办理。海关对保税区与非保税区之间进出的货物，按照国家有关进出口管理的规定实施监管。"由这一规定可以看出，保税区是境内关外、由海关实施特殊监管的区域。由于本案合同货物为保税区内未清关货物，合同的履行也发生在境外，本案属于"标的物在中华人民共和国领域外"之情形。北京市第四中级人民法院认为："涉案合同均约定交货方式为上海保税区现货交付，按照海关管理制度保税区内未清关货物属于未入境货物，故此本案具有涉外因素。"[2]

但在司法实践中，如果标的物为软件程序，其运行平台在境外，不能视为标的物在境外。例如，在上海科匠信息科技有限公司申请确认仲裁协议效力无效案件中，上海市第二中级人民法院认为：一方当事人辩称关于

[1] 最高人民法院［2013］执监字第182号执行裁定书。
[2] 北京市第四中级人民法院［2015］四中民（商）特字第00152号民事裁定书。

该合同标的物，即软件程序的运行平台在香港特别行政区的意见，并不符合《民事诉讼法》所称"标的物所在地"的规定，因此，本案双方当事人均为内地企业，将并无涉港因素的合同争议，约定由香港特别行政区的"香港国际仲裁中心（HKIAC）"进行仲裁的条款无法律依据，故确认该合同约定的仲裁条款无效。[1]

四、商事法律关系的内容具有涉外性

在司法实践中，如果产生、变更或消灭法律关系的事实发生在境外，该法律关系具有涉外因素。例如，在成都华川进出口集团有限公司诉招商银行股份有限公司成都科华路支行案中，成都华川进出口集团有限公司（以下简称"华川进出口公司"）与四川希望华西建设工程总承包有限公司（以下简称"华西建设公司"）签订《协议书》，约定："华川进出口公司将位于格鲁吉亚第比利斯的格鲁吉亚司法部公正大厦工程安装工程、二次装饰工程发包给华西建设公司，为此，招行科华支行向华川进出口公司出具了预付款和履约保函，且约定该等保函具有独立性，应为见索即付。"后发生争议。诉讼中，就案涉保函是否为涉外保函的问题，招商银行股份有限公司成都科华路支行声称"案涉保函的申请人、受益人、保证人三方主体均为国内公司，保函的申请地、出具地、履行地、索赔地等均在中国境内，不具有涉外性"。华川进出口公司辩称："案涉保函项下产生、变更与消灭民事权利义务关系的法律事实，即保函所担保的基础合同发生在国外，本案属于涉外民事法律关系。"本案历经一审、二审、再审，最终法院认定："案涉保函的申请人、受益人和担保行虽然都在国内，但产生、变更或消灭保函关系的事实发生在格鲁吉亚，因此，本案是涉外保函纠纷案件。"[2]

五、认定涉外因素的其他情形

《涉外民事关系法律适用法司法解释（一）》和《民事诉讼法司法解

---

[1] 上海市第二中级人民法院［2014］沪二中民认（仲协）字第13号民事裁定书。
[2] 最高人民法院［2014］民申字第2078号民事裁定书。

释》均规定有"可以认定为涉外民事关系的其他情形",这样的兜底条款规定意味着法官或仲裁员可以依据案件的具体情况,在法律规定的三要素要件(法律关系的主体、客体和内容)之外,认定"涉外因素"的特殊情形。

例如,在上海第一中级人民法院审理的西门子公司申请承认和执行新加坡国际仲裁中心裁决案中,法院裁定:西门子公司与黄金置地公司均为在中国注册的公司法人,合同约定的交货地、作为合同标的物的设备目前所在地均在我国境内,该合同表面上看并不具有典型的涉外因素。然而,综观本案合同所涉的主体、履行特征等方面的实际情况,该合同当前存在与普通国内合同有明显差异的独特性,可以认定为涉外民事法律关系,主要理由有:第一,本案合同的主体均具有一定的涉外因素。西门子公司与黄金置地公司虽然都是中国法人,但注册地均在上海自由贸易试验区区域内,且其性质均为外商独资企业,由于此类公司的资本来源、最终利益归属、公司的经营决策一般均与其境外投资者关联密切,故此类主体与普通内资公司相比具有较为明显的涉外因素。在自由贸易试验区推进投资贸易便利的改革背景下,上述涉外因素更应给予必要重视。第二,本案合同的履行特征具有涉外因素。合同项下的标的物设备虽最终在我国境内工地完成交货义务,但从合同的签订和履行过程看,该设备系先从我国境外运至自由贸易试验区(原上海外高桥保税区)内进行保税监管,再根据合同履行需要适时办理清关完税手续、从区内流转到区外,至此货物进口手续方才完成,故合同标的物的流转过程也具有一定的国际货物买卖特征。因此,本案合同的履行因涉及对自由贸易试验区特殊海关监管措施的运用,与一般的国内买卖合同纠纷具有较为明显的区别。综合以上情况,法院认为,本案合同关系符合《涉外民事关系法律适用法司法解释(一)》第1条第5项规定的"可以认定为涉外民事关系的其他情形",故系争合同关系具有涉外因素,双方当事人约定将合同争议提交新加坡国际仲裁中心进行仲裁解决的条款有效。[1]

在上述案件后,最高人民法院于2016年12月30日发布了《关于为自

---

[1] 上海第一中级人民法院[2013]沪一中民认(外仲)字第2号民事裁定书。

由贸易试验区建设提供司法保障的意见》，该意见明确规定：在自由贸易试验区内注册的外商独资企业相互之间约定商事争议提交域外仲裁的，不应仅以其争议不具有涉外因素为由认定相关仲裁协议无效。一方或者双方均为在自由贸易试验区内注册的外商投资企业，约定将商事争议提交域外仲裁，发生纠纷后，当事人将争议提交域外仲裁，相关裁决作出后，其又以仲裁协议无效为由主张拒绝承认、认可或执行的，人民法院不予支持；另一方当事人在仲裁程序中未对仲裁协议效力提出异议，相关裁决作出后，又以有关争议不具有涉外因素为由主张仲裁协议无效，并以此主张拒绝承认、认可或执行的，人民法院不予支持。[1]

随后，上海海事法院在美克斯海洋工程设备股份有限公司申请确认仲裁协议效力案中，[2]认为根据各方签订的建造合同以及补充签订的备忘录，涉案合同标的物为一艘根据美国船级社检验规则建造的，拟入美国船级社的国际航行船舶；合同约定船舶应当遵守马绍尔群岛监管机构的法律、法规、要求和建议，该船舶将以马绍尔群岛作为船旗国；各方签订的备忘录约定买方将在中国境外成立全资子公司，并将建造合同转让给该单船公司。且约定买方将于卖方交船前在中国境外成立全资下属的单船公司，并通知卖方将双方签订的建造合同中所有买方的权利和义务授权给该单船公司。由以上事实可知，涉案合同为国际船舶建造合同，船舶的建造、交接、入籍和加入船旗国等内容均与境外有多个连接点，尤其是加入马绍尔群岛船旗国，须以在马绍尔群岛设立公司为前提条件。合同也明确买方须在卖方交船前在境外成立单船公司，以接收涉案船舶。以上要素足以认定涉案纠纷属于我国法律规定的"可以认定为涉外民事关系的其他情形"，为涉外民事关系。

需要注意的是，在上述两个案例中，法院均认定存在涉外因素的其他情形，但是，对这种非典型的涉外因素的认定，我国司法实践尚缺乏统一清晰的标准，需要结合具体案情在实际个案中进一步澄清。

---

[1] 2016年最高人民法院《关于为自由贸易试验区建设提供司法保障的意见》第9条。
[2] 上海海事法院［2017］沪72民特181号民事裁定书。

此外，需明确的是，在司法实践中，如果合同约定"合同文本为外文""合同约定适用域外法律"或者"合同约定在境外仲裁或者诉讼"，这些因素本身均不能构成判断合同是否具有涉外因素的依据。例如，在大连东洋置业有限公司诉大连日创置业有限公司委托合同纠纷再审案中，当事人主张："合同的文本为日文，约定解决争议的法律为日本法，本案为涉外民事案件。"但辽宁省高级人民法院认定："合同文本以何种文字制成，不是确定案件是否具有涉外因素的构成要件。合同准据法是法院在实体审理过程中经冲突规范指引用来确定合同当事人权利义务关系的实体法律规范，选择某一外国法作为准据法本身不能使案件具备涉外因素，而准据法的选择也不会影响到受案法院的管辖权。依据现有证据无法认定本案为涉外民商事案件。故当事人约定日本东京地方法院管辖的条款无效。中国法院有管辖权。"[1]

第三节　国际商事争议解决机制的概念和发展

一、国际商事争议解决机制的概念

自从有了人类社会，由于存在利益的冲突，各种争议时有发生。为了解决社会上不可避免的各种矛盾和争议，人们发明了许多方法，例如寻求神明裁判、协商、谈判、调停、斡旋、诉讼、仲裁等。争议性质不同，解决方式也不同。

国际商事争议解决机制，是指国际社会用于解决国际商事争议的各种方式所组成的动态系统。尽管国际商事争议具有一定的涉外因素或国际因素，但其传统的解决方式更多依赖于国内的争议解决方式，包括协商、调解、诉讼、仲裁等。各国也针对国际商事争议，制定了不同于国内商事争议的法院管辖权依据、外国法查明、判决的承认与执行、仲裁的司法审查等规则。

在实践中，国际商事争议大多是通过国际商事调解、国际民事诉讼和

---

[1]　辽宁省高级人民法院［2010］辽民三申字第11号民事裁定书。

国际商事仲裁的方式得以解决。因此，本书主要围绕国际商事调解、国际商事仲裁和国际民事诉讼三种争议解决机制加以论述。同时，本书也将重点围绕我国司法实践的案例和我国缔结的国际商事争议解决的相关国际公约展开介绍。

二、国际商事争议解决机制的发展

20 世纪以来，尤其是第二次世界大战后，伴随着国际商事交易的进一步发展和繁荣，国际社会签订了许多涉及国际商事争议解决的双边或多边公约。

在国际商事调解方面，联合国大会于 1980 年通过了《联合国国际贸易法委员会调解规则》（该规则已被 2021 年新的调解规则所取代），2002 年通过《联合国国际贸易法委员会国际商事调解示范法》，2018 年对该示范法进行修正，新增关于国际和解协议及其执行一节，并更名为《联合国国际贸易法委员会国际商事调解和调解所产生的国际和解协议示范法》，该示范法旨在就国际商事调解进程提供统一规则，鼓励使用调解，并确保使用调解时有更大的可预测性和确定性。2018 年，联合国大会通过《新加坡调解公约》，旨在解决国际商事调解达成的和解协议的跨境执行问题，该公约已于 2020 年 9 月 12 日正式生效。

在国际商事仲裁方面，1958 年《纽约公约》已成为联合国制定的最为成功的国际公约之一，在国际商事仲裁裁决的承认与执行方面发挥着巨大的作用。此外，1985 年联合国国际贸易法委员会主持制定的《联合国国际商事仲裁示范法》也在一定程度上协调和统一着世界各国关于国际商事仲裁的法律。美洲和欧洲地区也制定了有关国际商事仲裁的区域性国际条约。

在国际民事诉讼方面，比较重要的有 1954 年《海牙民事诉讼程序公约》、1965 年《海牙协议选择法院公约》、1965 年《海牙送达公约》、1970 年《海牙取证公约》、1968 年《布鲁塞尔关于民商事案件管辖权及判决执行的公约》、1980 年《海牙国际司法救助公约》、2005 年《海牙选择法院协议公约》等。

国际商事调解机制 ▶▶▶▶

第一节　国际商事调解概述

一、国际商事调解的概念

调解作为一种传统的非诉讼争议解决方式，具有比仲裁更为悠久的历史。到了现代，由于商事纠纷激增，导致诉讼爆炸，商事调解又焕发出新的生机和活力。但是，国内外的学者对调解的含义有着不同的表述。

在我国，有学者认为，调解是在第三方协助下进行的，当事人自主协商性的纠纷解决活动。在某种意义上，调解是谈判（交涉）的延伸。二者的区别在于中立第三方的参与。而其中的第三方，即调解人的作用也是区别审判和仲裁的关键因素——调解人没有权力对争执的双方当事人施加外部的强制力。[1]也有学者认为，调解是指争议的当事人通过合意自愿将他们之间的争议交付给他们信任的中立第三者，由中立第三者以适当方式促进双方当事人协商和解的一种争议解决方式。[2]

在英文中，用以表述调解的词有"mediation"和"conciliation"。而对于"mediation"和"conciliation"的内涵理解，则不尽一致。联合国贸易和发展会议在审议调解议题时，使用的英文单词是"conciliation"，对其定义是：由一公正独立者协助当事各方达成争端的解决。联合国贸易和发展会议同时注意到对于调解可能有不同的表述，包括用"mediation"来表达调解的意思。显然，联合国贸易和发展会议认为"mediation"和"conciliation"

---

〔1〕 范愉：《非诉讼纠纷解决机制研究》，中国人民大学出版社2000年版，第28页。
〔2〕 王生长：《仲裁与调解相结合的理论与实务》，法律出版社2001年版，第51页。

具有同样的含义。2018 年《联合国国际贸易法委员会国际商事调解和调解所产生的国际和解协议示范法》（以下简称《国际商事调解示范法》）第 1 条第 3 款规定，调解指当事人请求一名或者多名第三人（"调解人"）协助其设法友好解决合同关系或者其他法律关系所产生的或者与之相关的争议的过程，而不论此种过程以调解或者类似含义的措辞称谓。调解人无权将解决争议的办法强加于当事人。[1]《新加坡调解公约》将调解界定为"不论使用何种称谓或者进行过程以何为依据，指由一名或几名第三人（'调解员'）协助，在其无权对争议当事人强加解决办法的情况下，当事人设法友好解决其争议的过程"。[2]

尽管国内外学者和立法文本对调解的表述不尽相同，但从国际范围看，人们更注重的是调解这种争议解决方式的实用价值，而不再拘泥于其措辞和用语。从本质来看，调解是在第三方协助下进行的，当事人自主协商性的纠纷解决活动。不同于诉讼、仲裁，调解强调中立第三方仅对当事人争议解决提供协助，以调解员无权将解纷办法强加于当事人为基本特征。

国际商事调解是指对含有国际因素的商事争议的调解。广义上，国际商事调解既包括作为一个独立程序的机构调解或临时调解，也包括结合于其他程序中的调解，如诉讼程序中的调解或仲裁中的调解。而在狭义上，国际商事调解仅仅是指前者。2018 年《国际商事调解示范法》第 1 条第 9 款规定，该示范法不适用于法官或者仲裁员在司法程序或者仲裁程序中试图促成和解的案件。《新加坡调解公约》第 1 条第 3 款也规定："本公约不适用于：（a）以下和解协议：（一）经由法院批准或者系在法院相关程序过程中订立的协议；和（二）可在该法院所在国作为判决执行的协议；（b）已记录在案并可作为仲裁裁决执行的协议。"这意味着《国际商事调解示范

---

〔1〕 在《国际商事调解示范法》的评注中，国际贸易法委员会提到：贸易法委员会在其先前通过的法规和相关文件中使用的术语是"调解"（conciliation），但有一项理解，即"conciliation"和"mediation"这两个术语可以互换。在拟订本《国际商事调解示范法》过程中，委员会决定改用术语"mediation"（"调解"），是为了适应这些术语的实际用法和惯常用法，并期望这一改变将有助于增进和提高《国际商事调解示范法》的知名度。术语的这一改变没有任何实质性或概念性影响。

〔2〕《新加坡调解条约》第 2 条第 3 款。

法》和《新加坡调解公约》仅适用于狭义上的国际商事调解，不适用于诉讼程序和仲裁程序中的调解。

二、国际商事调解的优势

与国际商事仲裁和诉讼相比，通过国际商事调解方式解决商事争议，具有以下优势：

第一，商事调解的成本明显低于诉讼和仲裁，避免经济和时间等资源的无谓耗费。以因"一裁终局"而有便捷之称的仲裁来举例，伦敦国际仲裁院对国际商事仲裁作出最终裁决的平均时长为 16 个月，2019 年国际商会国际仲裁院作出最终裁决的时长为 26 个月（中位数为 22 个月）。国际商会的调查结论显示，商事调解形成最终的调解方案一般为 2 到 3 个月。在费用方面，对于争议标的为 1 亿元人民币的商事纠纷，我国法院的受理费为 50 余万元。在仲裁费用方面，包括仲裁员收费和机构报酬在内的合计仲裁费用为 60 余万元。调解费用一般不到 10 万元。[1]

第二，调解可以快速地解决国际商事争议。商事调解在程序上具有高度灵活性，不依赖复杂的形式和程序规则，通常比诉讼或仲裁更节省时间和成本。当事人同意调解的，往往不要求调解员遵循刻板的规则或模式，而是授权调解员采用灵活的方式为他们分清事实和责任，公平合理地提出他们可以接受的方案。调解的随意性使得当事人不必在程序上耗费过多的时间，有利于争议的迅速解决。[2]

第三，商事调解能够使当事人在考虑到自身利益并避免非赢即输的情况下解决争议，也有利于当事人继续保持商业关系。商事调解注重解决当事人之间的深层问题和利益，这有利于为当事人管理交易和建立长远商业关系奠定基础。诉讼、仲裁本质上是当事人间的零和博弈，是一种存量解纷思维。诉讼、仲裁中双方当事人需要激烈对抗，追求的结果逻辑是"我对你错""我赢你输"。而商事调解不拘于对既有争议利益的分割，可以将

---

〔1〕 杜军："我国国际商事调解法治化的思考"，载《法律适用》2021 年第 1 期。
〔2〕 王生长：《仲裁与调解相结合的理论与实务》，法律出版社 2001 年版，第 52 页。

现在和未来更多的经济资源、商业企划纳入当前谈判中，当事人可以在各种资源中寻求与自身利益的契合及最佳匹配，当下的争议和分歧可以在更大领域的合作、谈判中被消弭。整个过程在增量博弈路径下开展，不仅解决了争议，而且还能通过恢复商业关系而发掘出合作潜能。

由于具有相对于诉讼、仲裁的多种独特优势，商事调解日益受到人们的重视，呈现出蓬勃的发展态势。

三、国际商事调解的原则

国际商事调解作为国际商事争议解决的一种重要方式，在调解过程中，调解员和当事人应遵循自愿、合法、保密性和中立等原则。

第一，自愿原则。自愿原则是国际商事调解的首要原则。调解程序的开始应完全取决于当事人的意愿，任何一方不得强迫另一方进行调解。在调解结束时，当事人有权自行决定是否接受和解协议，有权自行决定和解协议的内容。

第二，合法原则。尽管调解程序的启动、推进和结束主要取决于当事人的意愿，但是，调解程序的进行以及和解协议的达成必须符合法律的规定。和解协议的内容不能违反法律的强制性规定，不能侵犯第三方的合法权益。

第三，保密性原则。保密性原则有利于消除当事人在调解中的疑虑，促进和解协议的达成。根据保密性原则，调解程序应当在相对保密的情况下进行，不得向公众公开，当事人在调解过程中提供的信息以及作出的让步不得在随后的诉讼程序或仲裁程序中被当作证据使用，调解员也不得将调解过程中获取的信息提供给他人。

第四，中立原则。该原则意味着调解员与争议以及各方当事人没有利益冲突，以中立第三方的身份解决当事人之间的争议。调解员在调解过程中，应公平公正地对待各方当事人，不偏袒任何一方当事人。

第二节　国际商事调解协议

一、国际商事调解协议的概念

国际商事调解协议是指国际商事交易当事人之间达成的，将已经发生的或将来可能发生的争议交付调解的合意。在我国，调解协议往往指的是调解成功后当事人达成的协议。但在本书中，采用与《新加坡调解公约》一致的做法，将当事人调解后达成的合意称为"和解协议"。调解协议仅仅是指当事人达成的将争议交付调解的合意。

国际商事调解协议一般采用书面形式。例如，《印度仲裁与调解法》第62条规定："试图调解的当事人应当向对方当事人发出书面的调解邀请，并写明争议标的，调解程序只有在对方当事人书面接受调解邀请的情况下启动。如果对方当事人拒绝调解邀请，则不能进行调解程序。"

调解程序的开始必须基于当事人签署的调解协议。例如，2018年《国际商事调解示范法》第4条规定，对所发生的争议的调解程序，自该争议各方当事人同意参与调解程序之日开始。一方当事人邀请另一方当事人参与调解，自邀请发出之日起30天内，或者在该邀请规定的其他期限内，未收到接受邀请的，可以作为拒绝调解邀请处理。

二、国际商事调解协议的类型

国际商事调解协议依外在形态，可分为两种类型：一种是以合同条款形式出现的调解协议，称为调解条款，即合同当事人在合同中约定通过调解来解决他们之间的合同争议的独立条款。调解条款一般签订于争议发生之前。第二种是独立的调解协议书，即争议当事人专门约定通过调解解决其争议的独立协议。调解协议书一般签订于争议发生之后，内容相对比较全面。调解协议书中一般会写明争议的相关情况、指定调解员、调解的规则或程序、保密事宜、费用安排以及保证等事项。

例如，中国国际贸易促进委员会/中国国际商会调解中心推荐的调解示范条款为："本合同之各方当事人均愿将因本合同引起的或与本合同有关的任何争议，提交中国国际贸易促进委员会/中国国际商会调解中心，按照申请调解时该中心现行有效的调解规则进行调解。经调解后如达成和解协议，各方都要认真履行该和解协议所载之各项内容。"[1]一些著名的国际商事调解机构都制定有示范调解条款。在这些示范调解条款中，均对调解组织、调解规则以及和解协议的效力进行了规定。此外，由于对调解员在调解中的角色和作用有不同的认识，有一些调解条款对调解员的角色和功能进行了规定。调解条款也可以对调解所达成的和解协议的形式进行规定，以免将来再产生争议。

调解条款既可以订立于合同签署时，也可以订立于争议发生后。例如，《中国国际贸易促进委员会/中国国际商会调解中心调解规则》（2012年）第8条规定："调解中心根据当事人之间订立的调解条款，以及一方当事人的申请或各方当事人的共同申请，受理调解案件。当事人之间没有订立调解条款的，调解中心也可受理当事人的调解申请，由调解中心征求其他当事人同意后，开始调解程序。调解条款是指当事人之间达成的以调解方式解决争议的约定。"

第三节　国际和解协议

一、国际和解协议的效力和执行力

关于调解成功后当事人达成的协议，常见的英文表述为"mediation agreement""mediation settlement agreement"，有学者将其译为和解协议。我国立法则将此类协议称为调解协议或调解书。例如，我国《民事诉讼法》第100条规定，调解达成协议，人民法院应当制作调解书。为避免歧义，本

---

[1] 中国国际贸易促进委员/会中国国际商会调解中心：https://adr.ccpit.org/，最后访问日期：2022年10月9日。

书采用"和解协议"一词代指当事人在调解程序结束时，就争议处理所达成的解决方案。

就调解达成的和解协议而言，它不是司法机关作出的司法文书，也与仲裁机构的仲裁裁决不同，其承认和履行多基于当事人的自律。因此，国际和解协议的效力和可执行性自国际商事调解制度产生之初即引发诸多讨论。有观点认为，和解协议具有法律效力，仅表示其对各方当事人具有一定的法律约束力，并不必然具有执行力。关于赋予国际和解协议执行力的条件，各国法律制度存在较大分歧，体现为各国对和解协议法律性质不同的认定，包括将和解协议视为合同〔1〕、视为经转化后可执行的法律文书〔2〕和视为可直接执行的法律文书〔3〕等情况。实践中，大部分国家采取前两类做法，部分国家和《新加坡调解公约》则直接赋予国际和解协议执行力。

在实践中，为了增强国际和解协议的效力和执行力，当事人可以申请将在调解中达成的和解协议转换为仲裁裁决，即由仲裁机构作出一个与和解协议内容完全相同的仲裁裁决。这在一定程度上解决了和解协议的执行力问题。和解协议在转化为仲裁裁决以后获得强制执行力。例如，《中国国际贸易促进委员会/中国国际商会调解中心调解规则》（2012 年）第 28 条规定，当事人可以在调解协议中订立如下仲裁条款："任何一方均可将本调解协议提交中国国际经济贸易仲裁委员会，由该会主任指定一名独任仲裁员，组成仲裁庭，按照调解协议的内容作出仲裁裁决。仲裁庭有权按照其认为适当的程序和方式审理案件，且具体程序和期限不受该会仲裁规则有关条款的限制。仲裁裁决是终局的，对各方当事人均有约束力。"《中国国际经济贸易仲裁委员会仲裁规则》（2014 年修订）也为和解协议转化为仲裁裁决提供了条件，其第 47 条第 10 项规定："当事人在仲裁程序开始之前自行达成或经调解达成和解协议的，可以依据由仲裁委员会仲裁的仲裁协议及其和

---

〔1〕 在此类实践下，当事人须根据和解协议提起诉讼或仲裁，取得判决或仲裁裁决后加以执行。

〔2〕 在此类实践下，当事人须将和解协议通过认证程序，赋予其执行力或转化为其他可执行的法律文书。如《中国国际贸易促进委员会/中国国际商会调解中心调解规则》（2012 年）第 26 条明确规定，当事人可以将达成的调解协议向人民法院申请司法确认后强制执行。

〔3〕 例如，《国际商事调解示范法》第 14 条规定，当事人订立争议和解协议的，该和解协议具有约束力和可执行性。

解协议，请求仲裁委员会组成仲裁庭，按照和解协议的内容作出仲裁裁决。除非当事人另有约定，仲裁委员会主任指定一名独任仲裁员成立仲裁庭，由仲裁庭按照其认为适当的程序进行审理并作出裁决。具体程序和期限，不受本规则其他条款关于程序和期限的限制。"据此，当事人可以在其达成的和解协议中加入一个仲裁条款或单独签订一份仲裁协议书，然后依据仲裁协议及和解协议，到中国国际经济贸易仲裁委员会申请仲裁，仲裁庭按照和解协议的内容作出仲裁裁决。通过这种方式，当事人不仅可以利用调解方便、高效的优点，还可以将和解协议转化为执行力更强的仲裁裁决，执行效果也得到了保障。

在我国国际商事调解实践中，将和解协议转化为仲裁裁决的做法也得到了当事人、商事调解中心以及仲裁机构的支持。例如，在中国国际贸易促进委员会河北调解中心受理的河北某进出口公司与意大利某公司销售合同纠纷案中，当事人根据合同约定提请中国国际经济贸易仲裁委员会仲裁，但因合同中仲裁条款有明显缺陷，中国国际经济贸易仲裁委员会没有受理该国际商事争议。后当事人又到法院咨询，法院答复：中国和意大利之间虽有司法协助协议，但意大利执行中国法院判决尚无先例。当事人又向中国国际贸易促进委员会河北调解中心申请调解。在调解中心的斡旋下，双方达成了和解协议，并在和解协议中约定："本和解协议对双方均具有约束力，为体现本和解协议的严肃性，双方同意任何一方不履行义务时，守约方有权将本和解协议提交中国国际经济贸易仲裁委员会，请求该会按照现行有效的仲裁规则在北京进行仲裁。双方共同指定该会仲裁员名册中的××先生为独任仲裁员，组成独任仲裁庭，采用简易程序，进行书面审理，请求仲裁庭按照适当快捷的方式进行仲裁程序，并根据和解协议的内容作出裁决书，仲裁裁决是终局的，对双方均有约束力。"后由于被申请人没有履行还款义务，申请人依据前述仲裁协议申请仲裁，仲裁庭依据前述和解协议从速作出了裁决。[1]在被申请人没有履行仲裁裁决时，申请人申请意大

---

〔1〕 中国国际贸易促进委员会/中国国际商会调解中心：https://adr.ccpit.org/articles/108，最后访问日期：2022 年 10 月 9 日。

利法院承认和执行了该仲裁裁决，从而解决了该国际商事争议。

二、《新加坡调解公约》

（一）《新加坡调解公约》的制定背景

相较于由国家强制力保障执行的国内法院判决，以及由 1958 年《纽约公约》保障执行的国际商事仲裁裁决，国际和解协议的跨境执行长期以来缺乏高效统一的国际合作机制，导致国际商事调解的发展受到很大制约。为了适应国际商事调解的发展需求，联合国国际贸易法委员会历时 4 年，制定了《新加坡调解公约》。该公约由联合国大会于 2018 年 12 月审议通过，2019 年 8 月 7 日在新加坡开放签署，并于 2020 年 9 月 12 日生效。《新加坡调解公约》为国际和解协议的跨境执行提供了法律框架，与《纽约公约》《海牙选择法院协议公约》《承认与执行外国民商事判决公约》等共同构成包括调解、仲裁和诉讼在内的国际商事争议解决的跨境执行框架。《新加坡调解公约》的生效，标志着国际商事调解制度的发展迈出了实质性一步，国际商事争议解决真正实现了仲裁、调解与诉讼三驾马车的合力驱动。

（二）《新加坡调解公约》的适用范围

在《新加坡调解公约》中，"调解"是指不论使用何种称谓或者进行过程以何为依据，由一名或者几名第三人（"调解员"）协助，在其无权对争议当事人强加解决办法的情况下，当事人设法友好解决其争议的过程。"和解协议"是指经过调解所产生的、当事人为解决商事争议而以书面形式订立的协议。

对于"国际性"的界定，《新加坡调解公约》以营业地为基础，即"和解协议至少有两方当事人在不同国家设有营业地"或"和解协议各方当事人设有营业地的国家不是和解协议所规定的相当一部分义务履行地所在国或与和解协议所涉事项关系最密切的国家"。该标准采用了将实质性联结因素与争议性质因素结合起来判断"国际性"的混合标准。《新加坡调解公约》未沿袭《纽约公约》的规定，将"调解地"或"申请执行地"作为国际性的判断因素。这样做出于两方面考量：其一，与仲裁相比，调解的进行更为灵活，其地点通常不受调解机构所在地的限制，因此在实践中常出现难以确定调解地的情况，特别是在网络调解的情况下。国际商事调解活动常涉及多个法域，如在调解进行时，争议双方当事人位于两个不同法域，调解员来源于第三国，调解适用第四国法律等。因此，在缺乏认定标准的情况下较难确定调解地。其二，即使能确定调解地或申请执行地，和解协议适用《新加坡调解公约》仍须以其满足某种国内法规定的要件为前提，因此确定这些地点并无太大实际意义。[1]

关于"商事性"的界定，《新加坡调解公约》未明确规定何种和解协议具有"商事性"，而是明确排除了家庭、继承、劳动等民事争议。《新加坡调解公约》明确指出不适用于以下和解协议："第一，为解决其中一方当事人（消费者）为个人、家庭或者家居目的进行交易所产生的争议而订立的和解协议；第二，与家庭法、继承法或者就业法有关的和解协议。这样的规定也承袭了长久以来关于商事争议认定的宽泛标准。"此外，根据《新加坡调解公约》第8条第1款的规定，公约当事方对于其为一方当事人的和解协议，或者对于任何政府机构或者代表政府机构行事的任何人为一方当事人的和解协议，缔约国可通过保留声明从而排除《新加坡调解公约》的适用。这一规定可被看作公约为避免缔约国的国家财产被强制执行而设立的"安全阀"机制，有助于增强缔约国对《新加坡调解公约》的信任，从而扩大公约的适用范围。[2]

此外，《新加坡调解公约》只适用于产生于独立的调解程序中当事人达成的和解协议，并且，当事人应主动提供证明。根据《新加坡调解公约》第4条的规定，当事人根据该公约依赖于和解协议，应向寻求救济所在公约当事方主管机关出具：由各方当事人签署的和解协议，以及显示和解协议产生于调解的相关证据，包括调解员在和解协议上的签名、调解员签署的表明进行了调解的文件、调解过程管理机构的证明以及可被主管机关接受的其他任何证据等。但《新加坡调解公约》对于调解员和调解管理机构在

---

〔1〕 陆一戈："《新加坡调解公约》框架下的国际和解协议执行及我国回应"，载《经贸法律评论》2022年第4期。

〔2〕 Eunice Chua, "The Singapore Convention on Mediation—A Brighter Future for Asian Dispute Resolution", *Asian Journal of International Law*, 2019（2），pp. 195～205.

多大程度上参与调解并未有明确要求，而是赋予缔约国主管机关一定程度的自由裁量权。这也是《新加坡调解公约》在考虑各国对于调解流程和形成文书方面存在不一致的现实情况而采取的灵活规定。《新加坡调解公约》明确规定不适用于在法院诉讼程序中产生的或可以作为判决执行的和解协议，以及在仲裁程序中产生的并可以作为裁决执行的和解协议。这也避免了与《纽约公约》《海牙选择法院协议公约》等关于仲裁裁决和法院判决承认与执行的国际公约的适用相冲突。

（三）《新加坡调解公约》规定的拒绝准予救济的理由

《新加坡调解公约》规定了针对和解协议的执行抗辩事由，其中九种事由需要当事人提供证明，两种事由由缔约国主管机关直接认定。其中，需要当事人提供证明的抗辩事由主要包括：和解协议一方当事人处于某种无行为能力状况；和解协议根据当事人有效约定的和解协议管辖法律，或者在没有就此指明任何法律的情况下，根据公约当事方主管机关认为应予适用的法律，无效、失效或者无法履行；和解协议根据和解协议条款不具约束力或者不是终局的；和解协议随后被修改；和解协议中的义务已经履行；和解协议不清楚或者无法理解；准予救济将有悖和解协议条款；调解员严重违反适用于调解员或者调解的准则，若非此种违反，该当事人本不会订立和解协议；调解员未向各方当事人披露可能对调解员公正性或者独立性产生正当怀疑的情形，并且此种未予披露对一方当事人有实质性影响或者不当影响，若非此种未予披露，该当事人本不会订立和解协议。在以下两种情况下，缔约国有关主管机关可以作出认定及拒绝准予救济：准予救济将违反公约该当事方的公共政策；根据公约该当事方的法律，争议事项无法以调解方式解决。

三、中国的国际商事调解制度与《新加坡调解公约》的衔接问题

尽管中国传统文化中有息讼止争的元素，我国民众向来秉持"以和为贵"的理念，对调解、和解抱有较大的青睐，但被称为调解中"东方经验"的往往是指人民调解。事实上，由于我国对商事理念和商事规则的重视不足甚至缺失，使得我国商事调解发展进度相对缓慢。我国现有的关于调解

的规定主要见于《人民调解法》《民事诉讼法》和《仲裁法》等法律中。我国并没有一部统一的商事调解法。

我国积极支持并全程参与了《新加坡调解公约》的谈判、起草和签署，但目前我国尚未批准《新加坡调解公约》，因此，如何推动《新加坡调解公约》的批准和落地实施，以及中国的国际商事调解制度如何与《新加坡调解公约》衔接，成为当前关注的重点问题。关于《新加坡调解公约》在国内的批准、实施方式，存在制定司法解释、制定商事调解法、借鉴新加坡等公约批准国做法等不同建议。2020 年全国两会召开期间，有全国人大代表提交关于制定《商事调解法》的议案，也有机构提出了《〈商事调解法〉立法建议》。

当前，《新加坡调解公约》在我国批准、实施主要面临以下几个问题：一是《新加坡调解公约》第 3 条规定对经调解产生的国际和解协议采取直接执行机制，但我国《民事诉讼法》规定国内调解协议须经司法确认程序才具有强制执行力，这就导致国际和解协议、国内调解协议的执行程序存在双轨制；二是《新加坡调解公约》未对协助达成国际和解协议的调解员作出资格限制，而我国在民事诉讼程序繁简分流改革试点相关文件中规定，当事人只能对人民调解委员会或者纳入法院特邀调解名册的调解组织、调解员调解达成的调解协议申请司法确认；三是申请执行国际和解协议的材料要求、管辖法院、财产保全等事项均有待明确。

对于《新加坡调解公约》与我国商事调解制度的衔接问题，我国可在以下几个方面加以完善：[1]

第一，统一国内调解协议、国际和解协议的执行审查程序。改革调解协议司法确认制度，将现行执行前的司法确认程序调整为进入执行程序后的司法审查，从而与《新加坡调解公约》的直接执行机制相匹配。这不仅有助于当事人更好地实现基于调解协议享有的合法权益，也有助于节省司法资源，营造更加市场化、国际化、法治化的营商环境。我国应以研究批

---

〔1〕 朱华芳、顾嘉、郭佑宁："中国商事调解年度观察（2021）"，载北京仲裁委员会/北京国际仲裁中心编：《中国商事争议解决年度观察（2021）》，中国法制出版社 2021 年版。

准实施《新加坡调解公约》为契机，加快改革国内调解协议的审查执行制度，统一国内调解协议与国际和解协议的执行程序和标准。

第二，探索建立调解组织和调解员的准入与管理制度。一方面，根据不同类型调解组织的实际情况，分别完善调解组织的设立、运作和监管规则。另一方面，探索建立调解员认证制度，逐步建立调解员资格、选任、考核和培训管理等制度标准。

第三，研究制定国际和解协议的执行程序规则。在申请执行和解协议提交的文件、执行的管辖法院、不予执行的程序和理由等方面，可参照我国关于申请执行外国仲裁裁决的有关规定。例如，规定申请执行我国领域外形成的和解协议，还应同时提交经我国驻外使领馆认证或我国公证机关公证的和解协议中文译本。管辖法院为被执行人住所地或被执行的财产所在地中级人民法院。不予执行程序和理由可根据《新加坡调解公约》第5条"拒绝准予救济的理由"，并参考我国现行不予执行仲裁裁决制度进行设计。为统一裁判尺度，不予执行程序可考虑参照仲裁司法审查案件报核制度，建立和解协议执行报核程序，规定拟拒绝准予救济的案件应层报最高人民法院审核。

第四，明确和细化确认、不予执行和解协议的审查标准。我国目前仅针对人民调解协议的司法确认规定了审查标准，部分事由已包含在《新加坡调解公约》第5条规定的拒绝准予救济的理由中。建议最高人民法院制定司法解释，对确认、不予执行的审查标准予以明确，并可根据国内调解协议和国际和解协议的特点对拒绝准予救济的事由作出合理区分。特别是，应进一步细化《新加坡调解公约》第5条的部分内容：一是明确不得以调解方式解决的争议事项；二是明确和解协议中的义务不清楚或者无法理解的标准；三是明确调解员的披露义务，细化严重不当行为的具体表现；四是明确公共政策的范围。

第五，建立虚假调解审查及惩戒机制。因和解协议的达成完全基于当事人意思自治，且国际上缺乏对调解组织和调解员的统一管理体制，《新加坡调解公约》在施行过程中容易出现虚假调解现象。对此，可从以下几个方面着手规制：一是探索建立案外人申请不予执行和解协议制度，允许因虚假调解利益受损的案外人在和解协议执行审查程序中提出异议；二是借鉴惩治虚假诉讼的有关规定，明确规定对从事虚假调解的当事人采取罚款、拘留措施，将情节严重的虚假调解行为规定为刑事犯罪；三是针对虚假和解协议已经执行完毕的情况，通过执行回转或者要求申请执行人事先提供执行担保等方式建立有效的补救机制；四是推动建立惩治虚假调解的国际合作机制，如设立统一的调解组织和调解员名录，将参与虚假调解的调解组织或调解员列入黑名单，畅通法院与境外调解组织和调解员的沟通核实渠道。

可以说，《新加坡调解公约》的签署和生效补充了国际调解法律框架，为国际和解协议的跨境执行提供了制度保障，中国商事调解事业迎来发展新机遇。我国应加快对《新加坡调解公约》的批准，以及建立公约在国内的落地实施机制，统一国内调解协议、国际和解协议的执行程序，推动制定《商事调解法》、修改《民事诉讼法》，通过制定司法解释等方式规定和解协议执行审查程序与标准，细化《新加坡调解公约》的规定，为我国商事调解的发展繁荣奠定坚实法治保障。

第三章 ｜ CHAPTER 3
国际商事仲裁机制 ▶▶▶▶

第一节　国际商事仲裁概述

一、国际商事仲裁的概念

仲裁是解决争议的一种方式，即由双方当事人将他们之间发生的争议交付第三者居中评断是非并作出裁决，该裁决对双方当事人均有约束力。国际商事仲裁，是指在国际经济贸易活动中，当事人通过协议自愿将他们之间的有关商事争议提交某一临时仲裁庭或某一常设仲裁机构进行审理，并作出具有约束力的仲裁裁决的制度。早在 13、14 世纪商品交换比较频繁的意大利各城邦，国际商事仲裁就已经出现，在 19 世纪末 20 世纪初，发展成为国际社会普遍承认的解决国际商事争议的一种常用方法。随着国际经济贸易的飞速发展，世界各国普遍把仲裁作为解决国际商事争议的一种有效方式。

至于"国际"和"商事"的含义，以及在我国司法实践中如何判定"国际"因素和"商事关系"，本书第一章已述及，本节不再赘述。

二、国际商事仲裁的优势与局限性

在国际民事诉讼制度日益完善和其他商事争议解决方式兴起的情况下，众多当事人仍愿意以仲裁的方式来解决国际商事争议，这也表明国际商事仲裁有其自身的优越性。但是事实上，没有一种争议解决方式是万能的，国际商事仲裁也有其局限性。正确认识国际商事仲裁的优势和局限性，有助于形成正确的仲裁理念，这不仅具有理论价值，而且对仲裁实务也有积极的影响。[1]

（一）国际商事仲裁的优势

与诉讼和其他商事纠纷解决方式相比，国际商事仲裁具有以下优势：

第一，自主性。国际商事仲裁以当事人意思自治为基础。当事人是否选择仲裁以及仲裁机构的选定、仲裁员的指定、仲裁地点和仲裁程序的确定、提交仲裁的争议范围、仲裁的法律适用、是否和解等问题，均由当事人自行决定。这使得仲裁程序比较灵活。但这在诉讼中是难以实现的。

第二，专业性。国际商事争议常常涉及复杂的法律、经济和技术问题，当事人可以指定来自各行业的专家作为审理案件的仲裁员。仲裁员虽不像法官是一个固定的群体，但其在认定案件的事实上有明显优势，有利于使争议得到公平合理的快速解决。

第三，保密性。对案件不公开审理和裁决是国际商事仲裁的一个基本原则。而诉讼则以公开审理为原则，以不公开审理为例外。仲裁的这一特性有利于当事人保护自己的商业秘密，也有利于当事人在小范围内解决争议，为以后的商业合作留下可能性。

第四，仲裁裁决在域外的执行比法院判决执行更为便利。在国际民事诉讼中，一国法院判决要想在外国得到承认和执行，需要两国之间签订有司法协助条约或存在互惠关系，而双边或多边的司法协助条约目前在国际社会中并不是很多。但如果是仲裁裁决，截至2023年1月，《纽约公约》已有172个缔约国，并且涵盖了所有在仲裁和国际经济交往中重要的国家，仲裁裁决相较于法院判决而言，比较容易得到外国法院的承认和执行。

（二）国际商事仲裁的局限性

在国际商事交易中，并非所有类型的争议都适合仲裁，如争议的解决需要采取某种强制行动如人身强制等，选择仲裁未必是适当的。同时，国际商事仲裁的自主性是一把双刃剑，有时当事人出于各种原因如逃避债务等，恶意利用仲裁程序，而仲裁机构乃至仲裁庭对此却难以采取更强有力的对策。此外，国际商事仲裁一般不允许第三人，因而不能一揽子解决全

---

[1] 宋连斌：《国际商事仲裁管辖权研究》，法律出版社2000年版，第22页。

部争议。商事仲裁"一裁终局"原则也可能使得当事人权利在受到损害时无法得到有效救济等。

第二节　国际商事仲裁协议

一、国际商事仲裁协议的概念、类型和效力

国际商事仲裁协议是指双方当事人所达成的把他们之间可能发生或已经发生的争议交付仲裁解决的书面协议。根据各国有关仲裁的法律和国际公约的规定，仲裁协议是仲裁庭或仲裁机构受理双方当事人争议的依据。常见的国际商事仲裁协议一般包括三种类型：仲裁条款、仲裁协议书以及能证明双方将争议交付仲裁之共同意思表示的其他书面文件。

一项有效的国际商事仲裁协议，会产生以下效力：

第一，对双方当事人具有严格的约束力。一方面，仲裁协议所约定的争议发生后，双方当事人只能通过仲裁方式解决，任何一方当事人都不得就该争议向法院起诉。例如，我国《民事诉讼法》第 288 条第 1 款规定："涉外经济贸易、运输和海事中发生的纠纷，当事人在合同中订有仲裁条款或者事后达成书面仲裁协议，提交中华人民共和国涉外仲裁机构或者其他仲裁机构仲裁的，当事人不得向人民法院起诉。"另一方面，任何一方当事人原则上都只能就仲裁协议所规定的事项提交仲裁，而对于任何超出仲裁协议范围的事项，对方当事人都有权自由决定是否承认和参与涉及该争议的仲裁，并有权对仲裁庭就该项争议所进行的仲裁提出异议，而且，在仲裁庭就该项争议作出裁决后，也有权以有关事项超出仲裁协议的范围为理由而拒绝履行该项裁决所规定的义务。

第二，具有排除有关国家法院管辖权的效力。各国的仲裁立法和国际公约基本上都规定了一项有效的仲裁协议可以排除法院的管辖权。如果当事人已经就特定事项订有仲裁协议，法院就不应审理此项争议。

第三，是有关仲裁机构行使仲裁管辖权的依据。仲裁机构的管辖权完全依赖于双方当事人所签订的仲裁协议。一方面表现为，仲裁机构只能受

理有仲裁协议的案件，而不能受理没有仲裁协议的案件。另一方面也表现为，仲裁机构的管辖权受到严格的限制，只能受理仲裁协议中所规定的争议，只能就当事人按仲裁协议的约定所提交的争议事项进行仲裁审理，并作出裁决，不得审理当事人没有在仲裁协议中约定的事项。

第四，是强制执行仲裁裁决的依据。各国立法和有关国际公约都规定，请求承认和执行仲裁裁决的当事人需要提交一份有效的仲裁协议。如果仲裁协议无效或有瑕疵，则仲裁裁决在有关国家法院就得不到强制执行。例如，《纽约公约》第4条规定，为获得仲裁裁决的承认和执行，申请承认和执行裁决的当事人应该在申请的时候提供仲裁协议正本或经正式证明的副本。

二、国际商事仲裁协议的效力认定

（一）国际商事仲裁协议的法律适用

由于不同的国家对有效的国际商事仲裁协议的形式要件和实质要件要求不尽相同，一项在仲裁地国家被认为有效的仲裁协议，在裁决执行地国家可能被认为无效，从而影响到裁决的承认和执行。在拟定国际商事仲裁协议时，法律适用问题常常被忽略。但在法院撤销裁决阶段或者裁决执行阶段，当涉及对仲裁庭管辖权的争论时，如何认定仲裁协议的准据法就极有可能成为一个非常重要的问题。各国的仲裁法、《联合国国际商事仲裁示范法》以及《纽约公约》均规定有仲裁协议效力准据法的确定。一般来说，国际商事仲裁协议的法律适用原则主要如下：

1. 依当事人协议选择的法律

意思自治原则是确定国际商事仲裁协议效力的首要原则。当事人可以协议选择国际商事仲裁协议所适用的法律，这是各国公认的原则。但在当事人在主合同中选择的法律能否适用于仲裁条款的问题上，相关理论和各国实践存在着分歧。

一种观点认为应予适用，除非当事人就仲裁条款单独约定了适用的法律。例如，艾伦·雷德芬等在《国际商事仲裁法律与实践》（第4版）一书中写道："由于仲裁条款只是合同中众多条款中的一条，假定当事人选择的适用于合同的条款也适用于仲裁条款，这看起来是合理的。如果当事人明确选择了适用于该协议的特定法律，那么，为什么仅仅因为某一条款正好是仲裁条款，其他的法律——当事人未选择的法律——就应适用于该协议中的这个条款？"[1]英国法院在实践中就采用了这一做法。例如，在 Kabab-Ji 案中，案涉《特许经营开发协议》（FDA）规定合同争议应由国际商会国际仲裁院在巴黎进行仲裁，FDA 中约定的合同准据法是英国法。仲裁庭作出裁决后，当事人向英国法院申请承认和执行该裁决。英国上诉法院基于合同第 1 条中"合同应被作为整体进行解释"（It shall be construed as a whole）的约定，认为合同的法律选择条款可以约束包括仲裁条款在内的整个合同，进而认为英国法是当事人明示选择的仲裁协议准据法。[2]在 Enka 案中，英国法院也持相同的理由。[3]英国最高法院的观点是，诸如"本协议应受［某一国］法律的管辖并依其进行解释"这样的条款自然应该被理解为，该国的法律应管辖和确定当事人所签订的包含仲裁协议的合同中所有条款的含义和效力。但也有学者认为，仲裁条款独立于主合同，因此，其法律适用原则也应独立于主合同的法律适用。一些国家在实践中采取与英国法院完全相反的做法。例如，在 Kabab-Ji 案中，当事人向法国法院提出撤销仲裁裁决的申请，巴黎上诉法院认为："根据国际仲裁法的实体规则，仲裁协议从法律上应当独立于其所属的或者被援引的协议，英国法作为合同所适用的法律，不足以确立当事人双方就仲裁协议达成应适用英国法的合意。"

我国《涉外民事关系法律适用法》和最高人民法院《关于适用〈中华人民共和国仲裁法〉若干问题的解释》（以下简称《仲裁法司法解释》）都明确规定涉外仲裁协议效力审查首先适用当事人约定的法律。2017 年最高人民法院《关于审理仲裁司法审查案件若干问题的规定》第 13 条规定：

---

〔1〕［英］艾伦·雷德芬等：《国际商事仲裁法律与实践》（第 4 版），林一飞、宋连斌译，北京大学出版社 2005 年版，第 133 页。

〔2〕　Kabab-Ji SAL (Lebanon) v. Kout Food Group (Kuwait)，［2020］EWCA Civ 6.

〔3〕　Enka Insaat Ve Sanayi AS v. OOO Insurance Company Chubb & Ors，(Rev 1)［2020］EWCA Civ 574.

"当事人协议选择确认涉外仲裁协议效力适用的法律，应当作出明确的意思表示，仅约定合同适用的法律，不能作为确认合同中仲裁条款效力适用的法律。"

2. 依最密切联系原则确定的法律

在涉外合同的准据法确定问题上，最密切联系原则与当事人意思自治原则同样得到广泛采纳。不过在仲裁实践中，很少有直接适用最密切联系原则的做法，一般都是直接适用仲裁地或裁决地法，只有在仲裁地或裁决地无法确定的情况下才依各种客观标志确定仲裁协议的准据法。这些客观标志涉及缔约地、争议标的所在地、当事人的住所、国籍、惯常居所、营业地等。实际上，履行仲裁协议的场所主要是在仲裁地，该地是仲裁协议的核心，所有仲裁参与人执行仲裁的行为就是仲裁协议的特征性履行，因此，仲裁地法就是与仲裁协议有最密切联系的法律。

3. 依仲裁地或裁决地法律

当事人未明示选择仲裁协议的准据法时，国际上通行的做法是以仲裁地法或裁决地法作为仲裁协议的准据法。如《纽约公约》《联合国国际商事仲裁示范法》等。《纽约公约》虽然是关于仲裁裁决承认与执行的公约，但其也涉及仲裁协议效力确定的准据法，其第 5 条第 1 款（甲）项规定，仲裁协议的当事人依对其适用的法律，当时处于某种无行为能力的情况之下；或根据双方当事人选定适用的法律，或在没有这种选定的时候，根据作出裁决的国家的法律，仲裁协议是无效的，仲裁裁决可被拒绝承认和执行。

4. 依尽量使仲裁协议有效的原则

有些国家在仲裁协议效力准据法确定问题上，规定了多个连接点，仲裁协议只要符合其中一个即为有效，这也体现了尽量使仲裁协议有效的原则。例如，《瑞士国际私法》第 178 条规定："仲裁协议，如果其内容符合当事人所选择的法律，或符合调整纠纷的法律，特别是主合同的准据法或瑞士法律的规定，即为有效。"法律规定数种标准，仲裁协议只要符合其中一个即为有效。

5. 我国关于仲裁协议效力准据法的确定

我国关于仲裁协议效力的准据法确定原则，主要规定在《仲裁法司法解释》《涉外民事关系法律适用法》及其司法解释，以及最高人民法院关于仲裁司法审查的相关规定中。2006 年通过的《仲裁法司法解释》第 16 条规定："对涉外仲裁协议的效力审查，适用当事人约定的法律；当事人没有约定适用的法律但约定了仲裁地的，适用仲裁地法律；没有约定适用的法律也没有约定仲裁地或者仲裁地约定不明的，适用法院地法律。"2011 年开始施行的《涉外民事关系法律适用法》第 18 条规定："当事人可以协议选择仲裁协议适用的法律。当事人没有选择的，适用仲裁机构所在地法律或者仲裁地法律。"但《涉外民事关系法律适用法》并没有规定兜底条款，即在当事人没有选择仲裁协议所适用的法律，又无法确定仲裁机构或仲裁地时，如何确定仲裁协议效力准据法。因此，2013 年开始施行的《涉外民事关系法律适用法司法解释（一）》又进行了补充，其第 14 条规定："当事人没有选择涉外仲裁协议适用的法律，也没有约定仲裁机构或者仲裁地，或者约定不明的，人民法院可以适用中华人民共和国法律认定该仲裁协议的效力。"2017 年最高人民法院《关于审理仲裁司法审查案件若干问题的规定》第 13 条和第 14 条又进一步规定，"当事人协议选择确认涉外仲裁协议效力适用的法律，应当作出明确的意思表示，仅约定合同适用的法律，不能作为确认合同中仲裁条款效力适用的法律"，"人民法院根据《中华人民共和国涉外民事关系法律适用法》第十八条的规定，确定确认涉外仲裁协议效力适用的法律时，当事人没有选择适用的法律，适用仲裁机构所在地的法律与适用仲裁地的法律将对仲裁协议的效力作出不同认定的，人民法院应当适用确认仲裁协议有效的法律"。

我国的上述规定体现了在涉外仲裁协议效力准据法的确定问题上，首要原则是意思自治原则，并且明确，当事人对主合同适用的准据法的约定不能作为仲裁条款效力的准据法。其次，在当事人没有协议选择法律的时候，适用仲裁机构所在地法律或仲裁地法律。仲裁机构或仲裁地无法确定的，适用我国法律。同时，在适用仲裁机构所在地的法律与适用仲裁地的法律对仲裁协议效力作出不同认定时，适用尽量使仲裁协议有效的原则。

例如，在马来西亚航空公司与厦门太古飞机工程有限公司服务合同纠纷案中，双方签署的《标准地面操作协议 1998》主协议第 9 条"仲裁"约定："任何有关本协议的范围、含义、解释或者效力或因本协议而发生的任何争议或索赔，应根据以下所规定的程序提交并最终通过仲裁裁决解决。"另双方签署的《标准地面操作协议——简易程序》第 8 条约定："该协议应完全适用中华人民共和国法律加以解释。"对于上述仲裁协议的效力，最高人民法院在复函中认为："当事人并未在《标准地面操作协议——简易程序》及主协议等相关协议中对确定仲裁协议效力的准据法、仲裁地和仲裁机构作出明确约定。根据仲裁条款独立性及司法实践中掌握的普遍原则，当事人约定合同适用的法律不能当然视为确定合同中仲裁协议效力的准据法……在本案当事人未对确定仲裁协议效力的准据法和仲裁地作出明确约定的情况下，应当适用法院地法即中华人民共和国法律对涉案仲裁协议效力进行审查。"[1]

（二）国际商事仲裁协议效力的认定机构

由谁来认定仲裁协议的有效性，国际商事仲裁的立法和实践不尽相同。一般来说，仲裁程序开始前，如果一方当事人认为仲裁协议无效、失效或无法执行而向法院起诉，司法程序中仲裁协议的效力当然只能由法院来决定。裁决作出后，如果当事人申请承认和执行仲裁裁决，或要求撤销仲裁裁决，此时仲裁程序已过渡到司法程序，对裁决所依据的仲裁协议的效力的认定当然也只能由法院来实施。各国做法基本相同。从仲裁程序开始到仲裁庭作出裁决这一期间，一些国家和国际立法规定仲裁庭有权认定仲裁协议的效力，但法院保有必要的干预权；另一些国家则将认定权赋予仲裁机构或法院，法院的认定优先。

1. 仲裁庭决定或仲裁庭与法院共同决定

由仲裁庭认定仲裁协议的效力，包括在仲裁庭确定自己的管辖权的权力之内，这就是所谓的管辖权/管辖权原则（由于该原则解决的是对管辖权的管辖权问题，因而在理论上被通俗称为"管辖权/管辖权"，competence/competence）。该理论起源于德国，至今已为国际商事仲裁理论与实践所普遍采用。例如，《联合国国际商事仲裁示范法》第 16 条第 1 款规定，仲裁

---

[1] 最高人民法院［2012］民四他字第 4 号复函。

庭可以对它自己的管辖权包括对仲裁协议的存在或效力的任何异议，作出裁定。此外，一些国际著名的常设仲裁机构的仲裁规则也规定了该原则。

就实质而言，管辖权/管辖权原则讨论的是仲裁庭及内国法院之间分配对于仲裁协议的解释和执行的管辖权。尽管该原则在理论上似乎是一个悖论，但其设立的实际功效是十分明显的，它在很大程度上能够防止任何一方当事人通过法院冗长的诉讼程序来解决管辖权问题从而拖延和破坏仲裁程序，以提高仲裁效率，实现仲裁的价值。[1]

当然，仲裁庭对仲裁协议效力的认定，需要接受司法监督，法院的决定有最终效力，从这个角度而言，仲裁协议的效力是由仲裁庭与法院共同决定的。

2. 仲裁机构决定或仲裁机构与法院共同决定

在少数国家，对仲裁协议的异议不是由仲裁庭决定，而是由仲裁机构决定。例如，我国《仲裁法》第20条第1款规定，当事人对仲裁协议效力有异议的，可以请求仲裁委员会作出决定或请求法院裁定。一方请求仲裁委员会决定，另一方请求人民法院裁定的，由人民法院裁定。这就意味着，在裁决作出前，应当事人的请求，法院可对仲裁协议的效力认定予以干预，实际上法院和仲裁机构共同认定了仲裁协议的效力。

可以看出，究竟应当是由仲裁庭还是仲裁机构对仲裁协议的效力进行认定，各国规定存在差异。当然，在临时仲裁的情形下，不存在对该问题的讨论。而在机构仲裁的情况下，仲裁机构与仲裁庭是两个不同的概念，并有着不同的功能和使命。常设仲裁机构的主要任务是负责对整个机构日常运转工作的管理，它并不参与对特定仲裁案件的审理，但在最初受理仲裁申请时，仲裁机构可以根据当事人之间订有仲裁协议的表面证据对仲裁协议的效力作出初步裁定，以决定是否受理特定的仲裁案件。仲裁庭的功能是对具体仲裁案件进行审理，并最终作出仲裁裁决。从国际商事仲裁实践来看，在大多数案件中，仲裁员（仲裁庭）在决定仲裁管辖方面发挥着

[1]　刘晓红：《国际商事仲裁协议的法理与实证》，商务印书馆2005年版，第101页。

主导作用。[1]

2014 年《中国国际经济贸易仲裁委员会仲裁规则》（以下简称《贸仲规则》）在我国《仲裁法》基础上作了灵活规定，其第 6 条规定："对仲裁协议及/或管辖权的异议　（一）仲裁委员会有权对仲裁协议的存在、效力以及仲裁案件的管辖权作出决定。如有必要，仲裁委员会也可以授权仲裁庭作出管辖权决定。（二）仲裁委员会依表面证据认为存在有效仲裁协议的，可根据表面证据作出仲裁委员会有管辖权的决定，仲裁程序继续进行。仲裁委员会依表面证据作出的管辖权决定并不妨碍其根据仲裁庭在审理过程中发现的与表面证据不一致的事实及/或证据重新作出管辖权决定。（三）仲裁庭依据仲裁委员会的授权作出管辖权决定时，可以在仲裁程序进行中单独作出，也可以在裁决书中一并作出。（四）当事人对仲裁协议及/或仲裁案件管辖权的异议，应当在仲裁庭首次开庭前书面提出；书面审理的案件，应当在第一次实体答辩前提出。（五）对仲裁协议及/或仲裁案件管辖权提出异议不影响仲裁程序的继续进行。（六）上述管辖权异议及/或决定包括仲裁案件主体资格异议及/或决定。（七）仲裁委员会或经仲裁委员会授权的仲裁庭作出无管辖权决定的，应当作出撤销案件的决定。撤案决定在仲裁庭组成前由仲裁委员会仲裁院院长作出，在仲裁庭组成后，由仲裁庭作出。"

三、我国仲裁实践中有瑕疵的仲裁协议的效力认定

一项有效的仲裁协议必须同时具备法定的形式要件和实质要件，包括仲裁协议应采取书面形式；争议须产生于某一特定法律关系；争议事项具有可仲裁性；当事人具有订立仲裁协议的行为能力等。但在仲裁实践中，由于种种原因，当事人并非都能达成一项有效的仲裁协议。有瑕疵的仲裁协议并不少见。有瑕疵的仲裁协议，又称有缺陷的仲裁协议，是指仲裁事项欠缺清晰、规范，或者仲裁协议内容不符合法定要求等，致使仲裁程序的启动受阻的仲裁协议。由于各国对有效的仲裁协议的认定标准不同，本书仅对我国国际商事仲裁实践中较为典型的有瑕疵的仲裁协议效力的认定

---

[1] 刘晓红：《国际商事仲裁协议的法理与实证》，商务印书馆 2005 年版，第 102 页。

进行分析。

我国《仲裁法》第 16 条规定："仲裁协议包括合同中订立的仲裁条款和以其他书面方式在纠纷发生前或者纠纷发生后达成的请求仲裁的协议。仲裁协议应当具有下列内容：（一）请求仲裁的意思表示；（二）仲裁事项；（三）选定的仲裁委员会。"第 17 条规定："有下列情形之一的，仲裁协议无效：（一）约定的仲裁事项超出法律规定的仲裁范围的；（二）无民事行为能力人或者限制民事行为能力人订立的仲裁协议；（三）一方采取胁迫手段，迫使对方订立仲裁协议的。"第 18 条规定："仲裁协议对仲裁事项或者仲裁委员会没有约定或者约定不明确的，当事人可以补充协议；达不成补充协议的，仲裁协议无效。"因此，我国《仲裁法》除了要求仲裁协议的当事人具有民事行为能力、仲裁协议采用书面形式、约定事项具有可仲裁性、提请仲裁的意思表示要真实，还要求仲裁协议须有选定的仲裁委员会。显然，我国《仲裁法》关于仲裁协议的有效要件的规定是比较严格的，当事人稍有不慎就容易订立有瑕疵的仲裁协议。在我国国际商事仲裁实践中，有瑕疵的仲裁协议主要有以下几类：

（一）当事人仅约定仲裁或仲裁地，或仅约定仲裁规则，但没有指定仲裁机构的仲裁协议

我国《仲裁法》规定，仲裁协议应当包括选定的仲裁委员会。但在实践中，当事人仅在仲裁协议中有仲裁的意思表示，或约定了仲裁地，或约定了仲裁规则，但未对仲裁机构作出约定，此类仲裁协议的效力应区分不同情况来确定。

第一，如果当事人仅约定以仲裁方式解决争议，但未约定明确的仲裁地和仲裁机构，当事人亦未达成补充协议，则仲裁协议无效。例如，在马来西亚航空公司与厦门太古飞机工程有限公司服务合同纠纷案中，双方签署的《标准地面操作协议 1998》主协议第 9 条"仲裁"约定："任何有关本协议的范围、含义、解释或者效力或因本协议而发生的任何争议或索赔，应根据以下所规定的程序提交并最终通过仲裁裁决解决。"最高人民法院在复函中认为："在当事人未对确定仲裁协议效力的准据法和仲裁地作出明确约定的情况下，应当适用法院地法即中华人民共和国法律对涉案仲裁协议

效力进行审查。根据《中华人民共和国仲裁法》第十六条和第十八条的规定，涉案仲裁协议中未约定明确的仲裁机构，事后当事人亦未达成补充协议，因此，涉案仲裁协议应当认定无效。"[1]

第二，如果当事人在仲裁协议中约定了仲裁地，但没有指定仲裁机构，对于这类仲裁协议的效力也要依据具体情况分析。如果当事人约定的仲裁地是中国以外的地点，则应考虑到仲裁协议的准据法尤其是仲裁地法的规定来认定其效力，不能简单地以仲裁协议没有指定仲裁机构而认定无效。即使当事人选择在中国进行仲裁，也要视情况来综合判断，如果无法确定具体的仲裁机构，仲裁协议无效。

例如，在长沙新冶实业有限公司申请撤销仲裁裁决案中，长沙新冶实业有限公司（以下简称"长沙新冶公司"）与美国 Metals plus 公司签订的销售合同约定："All disputes in connection with this contract or the execution thereof shall be settled by negotiation between two parties. If no settlement can be reached, the case in dispute shall be submitted for arbitration in the country of defendant in accordance with the arbitration regulations of the arbitration organization of the defendant country." 后因合同履行双方发生纠纷，美国 Metals plus 公司向长沙仲裁委员会申请仲裁。长沙新冶公司提出仲裁异议书，认为双方未明确约定仲裁机构，仲裁协议应属无效。后长沙仲裁委员会作出仲裁裁决。长沙新冶公司向长沙市中级人民法院申请撤销裁决。在本案中，如何理解 "arbitration in the country of defendant"，双方当事人、仲裁委员会和法院存在争议。长沙新冶公司认为，"country" 一词是指国家，仲裁协议约定在被告所在国的仲裁机构进行仲裁，属于约定不明，双方又未达成补充协议，故该仲裁协议无效。美国 Metals plus 公司则认为，"country" 一词包括国家、地区、乡村三种含义，仲裁协议可理解为约定在被告所在地的仲裁机构进行仲裁，长沙仲裁委员会作为被告所在地长沙的唯一仲裁机构，具有管辖权。长沙仲裁委员会认为：仲裁被申请人住所地只有一个仲裁委员会，即长沙仲裁委员会，根据该案仲裁条款能够确定具体的仲裁机构，仲

---

〔1〕　最高人民法院［2012］民四他字第4号复函。

裁协议有效。对于本案仲裁协议的效力认定，最高人民法院在复函中认定："一、本案双方当事人对仲裁意向存在的事实没有争议，当事人仅对仲裁条款中'country of defendant'的约定理解不一致……二、'country'通常被译作'国家'，将'country of defendant'译成'被告所在地'不能准确界定该法律术语的特有法律含义。由于本案双方当事人分属两个国家，将'country of defendant'译成'被告所在国'更合理。三、中国国内有若干仲裁机构，本案双方当事人产生争议后并没有按照《最高人民法院关于适用〈中华人民共和国仲裁法〉若干问题的解释》第六条的规定就仲裁机构选择达成一致意见。因此，本案所涉仲裁条款应认定无效……本案所涉仲裁裁决应予撤销。"[1]

在仲裁实践中，当事人经常在仲裁协议中约定"在×地的仲裁机构进行仲裁"。对于此类仲裁协议的效力，我国《仲裁法司法解释》第6条规定："仲裁协议约定由某地的仲裁机构仲裁且该地仅有一个仲裁机构的，该仲裁机构视为约定的仲裁机构。该地有两个以上仲裁机构的，当事人可以协议选择其中的一个仲裁机构申请仲裁；当事人不能就仲裁机构选择达成一致的，仲裁协议无效。"目前，北京、上海、天津、重庆等城市均设立有两个或三个仲裁机构，因此，如果当事人选择由上述城市的仲裁机构仲裁案件，在仲裁协议中最好明确写明仲裁机构的具体名称。

第三，当事人在仲裁协议中仅约定适用的仲裁规则，但没有明确指出仲裁机构的名称，仲裁协议并不因此必然无效。

首先，如果当事人约定仲裁协议的准据法是外国法，或者当事人无约定而仲裁地在中国之外，则绝大多数国家和地区的仲裁法都规定当事人有仲裁意愿则仲裁协议应被确认有效。例如，在张家港星港电子公司与博泽国际公司中外合资经营合同争议案中，双方签订的合同约定："凡因解释或执行本合同所发生争议，双方应首先通过友好协商予以解决。如果双方在协商开始后的六十天内无法达成和解，任何一方可以将该争议按照《国际商会调解和仲裁规则》提交仲裁。仲裁应在瑞士苏黎世进行。"最高人民法

---

[1] 最高人民法院［2007］民四他字第43号复函。

院在复函中认为:"根据瑞士的相关法律规定,本案仲裁条款有效。"〔1〕

其次,即使适用我国《仲裁法》第16条规定,也不应对该条作机械理解,而应考察当事人约定的仲裁规则本身是否能够明白无误地指引出依该规则管理仲裁程序的仲裁机构。世界各仲裁机构制定的仲裁规则都无一例外地写明本机构管理依本机构制定的仲裁规则启动的仲裁程序,除非当事人另有约定。例如,当事人约定:"一切由本合同引起的,或与本合同有关的争端都应按照日本商事仲裁协会的商事仲裁规则,在日本通过仲裁方式解决。"根据《日本商事仲裁协会商事仲裁规则》第1条(制定该规则目的在于确定在日本商事仲裁协会通过的仲裁方式解决商事争端所必须的有关事项)、第3条(对该规则产生解释问题时,仲裁庭应接受协会由此作出的解释)、第4条(根据该规则进行的仲裁的一切文秘性工作,都由协会秘书处办理)规定的内容,可以确定当事人如果选择适用该规则进行仲裁,则日本商事仲裁协会将成为唯一的不可替代的仲裁管理机构。因此,选择该仲裁规则实际上意味着选定了仲裁机构。

我国《仲裁法司法解释》第4条规定:"仲裁协议仅约定纠纷适用的仲裁规则的,视为未约定仲裁机构,但当事人达成补充协议或者按照约定的仲裁规则能够确定仲裁机构的除外。"目前,我国几个主要的仲裁机构的仲裁规则均规定,当事人约定适用本仲裁规则视为同意将争议提交本仲裁机构。例如,2014年《贸仲规则》第4条第4项规定:"当事人约定按照本规则进行仲裁但未约定仲裁机构的,视为同意将争议提交仲裁委员会仲裁"。因此,如果当事人在仲裁协议中约定适用《贸仲规则》,但未约定仲裁机构,此仲裁协议应被视为选择了中国国际经济贸易仲裁委员会这一仲裁机构。

(二)仲裁机构指定不明确或名称表述有缺陷的仲裁协议

在实践中,当事人受其自身法律知识和对仲裁机构认识的局限性,往往在订立合同时不能正确表述仲裁机构的名称。例如,将中国国际经济贸易仲裁委员会表述为"中国国际贸易仲裁机构",或者表述为"中国对外贸易仲裁委员会",或者表述为"北京中国国际贸易仲裁委员会"。对于仲裁

---

〔1〕 最高人民法院〔2006〕民四他字第1号复函。

机构名称表述有缺陷的仲裁协议，各国的普遍做法是，只要当事人在合同中规定要以仲裁方式解决纠纷，即使仲裁协议规定的仲裁机构名称不全或者不够准确，本着尊重当事人意思自治的原则，法院通常都会认定仲裁协议有效。我国实践中的基本原则也是不轻易否定仲裁协议的效力。根据当事人的文字措辞，考虑当事人的立约本意，能够从文字和逻辑上确定仲裁机构的，仲裁协议即为有效。

例如，在福建泉州老船长鞋业有限公司（注册地在福建）与地波里国际开发有限公司（注册地在我国台湾地区）合同争议案中，双方签订的《生产及销售许可合同》第17条约定："本合同适用中国法律，如发生争议，由双方自行协商解决，未能自行协商解决的，由甲方指定的仲裁委员会或由广州法律仲裁解决，并适用该会之各项仲裁条款。"在本案中，泉州市中级人民法院及福建省高级人民法院均认为，"由甲方指定的仲裁委员会"违反了《仲裁法》第6条"仲裁委员会应当由当事人协议选定"的规定而无效，"或由广州法律仲裁解决，并适用该会之各项仲裁条款"属于仲裁机构约定不明确，故此仲裁条款无效。但是，最高人民法院在复函中认为："根据《最高人民法院关于适用〈中华人民共和国仲裁法〉若干问题的解释》第十六条的规定，应按照我国法律认定本案仲裁协议的效力。我院认为，将争议交由地波里公司指定的仲裁委员会进行仲裁，是本案双方当事人协商一致的意思表示，是双方当事人协商选择的结果，并不违反《中华人民共和国仲裁法》第六条的规定。在地波里公司已经指定仲裁委员会的情况下，当事人通过该协议选定的仲裁机构具有唯一性，不属于《中华人民共和国仲裁法》第十八条所指的对仲裁机构约定不明的情况。地波里公司已经向中国广州仲裁委员会申请仲裁，不宜认定本案所涉仲裁条款无效。"[1]

我国《仲裁法司法解释》第3条规定："仲裁协议约定的仲裁机构名称不准确，但能够确定具体的仲裁机构的，应当认定选定了仲裁机构。"因此，仲裁协议有效的前提是能够确定具体的仲裁机构。如果无法确定具体

---

[1] 最高人民法院［2016］最高法民他78号复函。

的仲裁机构，仲裁协议应属无效。

例如，在中化国际石油（巴哈马）有限公司与海南昌盛石油开发有限公司合同争议案中，双方签署的销售合同第 15 条规定："买卖双方在产生与该合同有关的分歧、争议时，应本着友好协商的原则共同协调解决。如果协调无效，应提交中国相关的国际贸易仲裁机构，根据相应的规则和程序进行仲裁。"最高人民法院在复函中认为："所谓'中国相关的国际贸易仲裁机构'不能推定为就是受理涉外仲裁案件的中国国际经济贸易仲裁委员会。鉴于本案当事人对仲裁机构的约定不明确，而一方当事人已起诉至有关人民法院，表明双方当事人已不可能就仲裁机构达成补充协议。根据《中华人民共和国仲裁法》第十八条的规定，应认定本案仲裁条款无效。"[1]

（三）约定两个以上仲裁机构的仲裁协议

在实践中，当事人在仲裁协议中选择两个以上仲裁机构，对于此类仲裁协议的效力，在 2006 年《仲裁法司法解释》实施之前，我国各级法院持宽松态度，认定此类仲裁协议的效力。例如，在齐鲁制药厂与美国安泰国际贸易公司合资合同纠纷案中，最高人民法院在复函中认定："本案当事人订立的合同仲裁条款约定'合同争议应提交中国国际贸易促进委员会对外经济贸易仲裁委员会，或瑞典斯德哥尔摩商会仲裁院仲裁'，该仲裁条款对仲裁机构的约定是明确的，亦是可以执行的。当事人只要选择约定的仲裁机构之一即可进行仲裁。根据《中华人民共和国民事诉讼法》第一百一十一条第二项之规定，本案纠纷应由当事人提交仲裁解决，人民法院对本案没有管辖权。"[2]

但 2006 年《仲裁法司法解释》第 5 条规定："仲裁协议约定两个以上仲裁机构的，当事人可以协议选择其中的一个仲裁机构申请仲裁；当事人不能就仲裁机构选择达成一致的，仲裁协议无效。"显然，《仲裁法司法解释》认为，约定两个以上仲裁机构的仲裁协议有效与否，取决于当事人之间能否就选择哪一个仲裁机构达成合意，否则，仲裁协议无效。也就是说，

---

〔1〕 最高人民法院［2000］交他字第 14 号复函。
〔2〕 最高人民法院法函［1996］第 176 号。

当事人需要就仲裁协议重新谈判，但在争议发生后，双方当事人能否共同选择一个仲裁机构，多数情况下是比较困难的。[1]例如，在山东蓝海生态农业有限公司与金鹰水产（香港）有限公司申请确认仲裁协议效力案中，双方在合同中约定："凡因执行本合同所发生的或与本合同有关的一切争议，双方应通过友好协商解决，如果协商不能解决，应提交北京中国国际贸易促进委员会对外经济贸易仲裁委员会根据该会的仲裁程序暂行规则进行仲裁。或，应提交中国山东东营仲裁机构根据该仲裁机构的仲裁程序进行仲裁。或，仲裁在被诉人所在国进行。仲裁裁决是终局的，对双方都有约束力。"对此仲裁协议的效力，最高人民法院在复函中认为：根据《仲裁法司法解释》第 5 条的规定，本案双方当事人虽有明确请求仲裁的意思表示，但约定了两个仲裁机构，且事后未能就仲裁机构的选择达成一致，因此，案涉仲裁协议无效。[2]

实际上，对于当事人选择两个以上仲裁机构的仲裁协议，国际商事仲裁理论上将其称为"浮动仲裁"（the floating arbitration）。各国仲裁立法和司法实践对此均采取肯定态度，认为尽管这类仲裁协议也存在不确定因素，但毕竟只要选择了其中之一的仲裁机构，该协议就可得到执行。在理论上，有人认为此类选择性的仲裁协议会引起管辖权的积极冲突。这一担心完全没有必要。因为在双方当事人分别向不同的仲裁机构先后提起仲裁时，应以先申请的一方为优先，因为对后一个仲裁机构来说，存在"一事再理"的情形，参照诉讼系属（lis pendens）理论，应至少拒不受理或暂停作出裁决。[3]

此外，当事人在仲裁协议中选择两个以上仲裁机构的，这两个仲裁机构应当是并列的关系。有一类特殊情况，即双方当事人在仲裁协议中也约定了两个仲裁机构，但合同约定不同的当事人可选择其一提起仲裁，此类仲裁协议就不能简单认定为无效。例如，在深圳市粮食集团有限公司诉来宝资源有限公司（新加坡）买卖合同纠纷案中，双方签订的合同约定："由

[1] 宋建立："瑕疵仲裁协议的司法审查"，载《人民司法（应用）》2018 年第 19 期。
[2] 最高人民法院［2018］最高法民他 25 号复函。
[3] 宋连斌：《国际商事仲裁管辖权研究》，法律出版社 2000 年版，第 101 页。

合同履行引起的争议，任何一方可提交仲裁，如果被告是买方，争议提交香港国际仲裁中心；如果被告是卖方，争议提交给伦敦谷物与饲料贸易协会仲裁。由合同引起的争议均按照英国法解决。"最高人民法院在复函中认定："本案双方当事人未明确约定确认仲裁协议效力的法律，也未约定明确的仲裁地，根据《最高人民法院关于适用〈中华人民共和国仲裁法〉若干问题的解释》第十六条的规定，应适用法院地法即我国的法律作为确认本案仲裁协议效力的法律。当事人在主合同中签订的仲裁协议虽然涉及两个仲裁机构，但从其具体表述看，无论是买方还是卖方申请仲裁，其指向的仲裁机构均是明确的且只有一个，仲裁协议应认定有效。对于因主合同产生的纠纷，深圳市粮食集团有限公司应依据约定的仲裁协议通过仲裁方式解决，人民法院无管辖权。"[1]

又如，在美国法院审理的 Bauhinia 公司诉中国机械进出口公司案中，双方签署的设备买卖合同约定："凡因执行本合同所发生的一切争议，双方应通过友好协商解决。如提交仲裁则在北京进行，有关争议应提交中国国际经济贸易仲裁委员会进行仲裁。如果仲裁在其他地方进行，由每一方指定一名仲裁员，被指定的仲裁员推举一名第三者共同组成仲裁庭，双方应接受该仲裁庭的裁决为终局的。"该仲裁条款中的可选项之一是临时仲裁。后发生争议，美国公司在加州法院起诉，我国公司以合同有仲裁条款为由提出管辖权抗辩。美国受案法院认为："合同有仲裁条款，法院不应予以管辖，但仲裁条款存在选择性，未订立明确的仲裁地点，仲裁无法进行，在此情况下，法院必须停止诉讼程序，根据《美国联邦仲裁法》第 206 条，指定当事人在加州按当地的仲裁程序组成临时仲裁庭进行仲裁。"本案中，法官没有径直宣告仲裁条款无效，而是本着促成以仲裁方式解决争议的精神，指定当事人交付仲裁。

（四）既约定仲裁又约定诉讼的仲裁协议

既约定仲裁又约定诉讼的仲裁协议，也被称为或裁或审的仲裁协议，主要表现为当事人约定的争议解决条款允许申请仲裁又允许提起诉讼，并

---

[1] 最高人民法院［2010］民四他字第 22 号复函。

赋予当事人选择权。也即仲裁并非争议解决的唯一方式。例如，有的仲裁协议约定："凡因本合同履行产生争议的，一方当事人可以申请××仲裁机构仲裁，也可以向××法院提起诉讼。"对于这一类仲裁条款的效力，理论上存在不同意见。一种意见认为，当事人在合同中同时选择了诉讼与仲裁，这是当事人的真实意思表示，人民法院应予尊重。任何一方均可选择其中之一予以解决。因此，这类仲裁条款有效。另一种意见认为，诉讼与仲裁是彼此排斥的，这类条款无效。后一种意见得到了我国法院的支持。我国《仲裁法司法解释》第 7 条规定："当事人约定争议可以向仲裁机构申请仲裁也可以向人民法院起诉的，仲裁协议无效。但一方向仲裁机构申请仲裁，另一方未在仲裁法第二十条第二款规定期间提出异议的除外。"

　　例如，在浙江一顺进出口有限公司与 MOHAMED. MOHAMOUD. OULD. MOHAMED（毛里塔尼亚人）国际货物买卖纠纷案中，双方签订的《经销责任协议》第 9 条约定："纠纷既可以向'中国国际贸易促进委员会对外贸易仲裁委员会'提交仲裁，也可向浙江一顺进出口有限公司所在地法院直接起诉。"最高人民法院在复函中认为：根据《仲裁法司法解释》第 7 条之规定，仲裁协议无效。[1]

　　此外，在仲裁实践中，我国地方法院在判断仲裁协议是否属于或裁或审条款时，有时会出现误判。例如，在安徽省合肥联合发电有限公司诉阿尔斯通发电股份有限公司建设工程合同纠纷案中，双方签订的合同约定："Save as expressly otherwise provided by the contract, all dispute arising from the interpretation or performance of this contract shall in the first instance be settled through friendly negotiation. If no settlement is achieved in 14 days, any party may refer the dispute for arbitration by the Arbitration Institute of Stockholm International Chamber of Commerce."后当事人发生争议，安徽省合肥联合发电有限公司向安徽省高级人民法院提起诉讼。安徽省高级人民法院经审查认为："双方当事人对解决争议的方式除选择仲裁外，并没有排斥诉讼，本法院有管辖权。"但这一错误裁定随后被最高人民法院纠止，最高人民法院在复函

---

〔1〕　最高人民法院［2011］民四他字第 8 号复函。

中认为："从本案当事人在合同中约定的仲裁条款内容看，其仲裁的意思表示明确；亦有明确的仲裁事项，没有超出法律规定的仲裁范围，而且选定了明确的仲裁机构，故该条款是明确有效可以执行的。当事人在该条款中没有明确约定可以通过诉讼方式解决纠纷。英文仲裁条款中的'may'主要作用于主语，其含义是指'任何一方（anyparty）'都可以提起仲裁，而不应理解为'既可以提起仲裁，也可以提起诉讼'……本案纠纷应通过仲裁解决，人民法院无管辖权。"[1]

（五）违反一裁终局原则的仲裁协议

一裁终局是商事仲裁制度的一项基本原则，即裁决作出后当事人不能就同一纠纷再次申请仲裁或者向法院起诉或者上诉。但在实践中，不乏当事人在仲裁协议中约定将争议提交仲裁，并可对仲裁结果再次申请仲裁或向法院起诉、上诉。例如，当事人约定"争议由××仲裁机构仲裁，不服仲裁裁决的，可以向××法院提起诉讼"，或者"争议由××仲裁机构仲裁，仲裁不成的，可以向××法院申请上诉"，或者"争议由××仲裁机构仲裁，不服仲裁裁决的，由×××仲裁机构仲裁"。此类仲裁协议通常被认为违反一裁终局原则，其效力存在不确定性。

对于或裁或审的仲裁协议的效力，我国有学者建议，从有助于实现当事人意愿及尽量不轻易判断争议解决协议无效的角度，可以根据"合同部分无效"规则来进行裁判。具体分两步：约定裁决作出后再就同一纠纷向仲裁机构申请仲裁或者向人民法院起诉或者上诉的，该部分因违反法律的强制性规定而无效；约定纠纷向××仲裁机构申请仲裁的部分，依法认定其为有效的仲裁协议。这一裁判思路，充分体现了对当事人意思自治的尊重，提高了民商事交易的效率，疏减了讼源，支持了仲裁的政策目标。[2]

在一些案件中，我国法院倾向于认为并非整个仲裁条款无效，而是与一裁终局相违背的部分条款无效，其他部分的仲裁条款仍属有效。例如，在长江动力公司申请确认仲裁条款无效案中，长江动力公司与香港新鸿基

---

[1] 最高人民法院［2003］民四他字第7号复函。
[2] 宋连斌、黄保持："违反一裁终局原则对仲裁协议效力的影响：基于中国实践的实证分析"，载《国际法研究》2017年第1期。

公司签订的合资合同约定："凡因执行本合同所发生的或者与本合同有关的一切争议，双方应通过友好协商。协商不能解决的，应提交中国国际经济贸易仲裁委员会仲裁。如败诉方不服，可向瑞典斯德哥尔摩仲裁法院提起仲裁，仲裁裁决是终局的，对双方均有约束力。"争议发生后，长江动力公司认为该项约定违反了仲裁"一裁终局"原则，如履行该项仲裁条款，也有损我国的国家主权。因此，请求法院确认该仲裁条款无效。香港新鸿基公司辩称：双方指定仲裁机构的意思是十分明确的。此外，仲裁条款约定的"如败诉方不服，可向瑞典斯德哥尔摩仲裁法院提起仲裁"的部分，因已违反我国《民事诉讼法》的有关规定，因而是无效的，并且，瑞典只有斯德哥尔摩商会仲裁院，并没有斯德哥尔摩仲裁法院，因此，仲裁条款中的该部分不仅是无效的，而且也根本无法执行。合同部分无效，如果不影响其他部分效力，其他部分仍然有效。因此，被申请人有权依仲裁协议向中国国际经济贸易仲裁委员会申请仲裁。对于此案，深圳市中级人民法院认为："合资合同中对合资争议提交仲裁解决的意思是十分明确的，双方对争议提交中国国际经济贸易仲裁委员会仲裁的约定是明确的，亦是可以执行的，当事人可以在该选定的仲裁机构进行仲裁。至于当事人约定的，如败诉方不服，可向瑞典斯德哥尔摩仲裁法院提起仲裁，仲裁裁决是终局的部分，由于与我国的有关法律相冲突，因而是无效的，但该部分的无效并不影响双方就其争议在中国国际经济贸易仲裁委员会仲裁。长江动力公司申请法院裁定仲裁条款无效的理由不充分，不予支持。"[1]此外，我国也有法院认为，或裁或审的条款不具有无效情形，仲裁后再向法院起诉的约定无效并不导致整个仲裁条款无效。[2]

　　但在某些案件中，法院则否定了整个违背一裁终局原则的仲裁条款的效力。例如，在西恩服务公司（Yxen Service Inc.）与沧州乾成钢管股份有限公司买卖合同纠纷案中，最高人民法院则否定了或裁或审的仲裁协议的效力。在该案中，双方在合同中约定："争议……提交中国国际贸易促进委

---

〔1〕　深圳市中级人民法院［1999］深中法经二初字第72号民事裁定书。
〔2〕　广东省深圳市中级人民法院［2011］深中法民四初字第140号民事裁定书。

员会对外贸易仲裁委员会，根据该会仲裁程序暂行规定进行仲裁。若一方不服裁决，则再由新加坡国际仲裁法（应为仲裁协会，原条款有误）按照该会仲裁程序的有关规定进行仲裁。"针对该仲裁条款的效力，最高人民法院在复函中认为："本案当事人的约定违反了'一裁终局'原则，双方当事人也不能就仲裁机关的选择达成一致，且双方当事人均认为上述仲裁协议无效，故应确定上述仲裁协议无效。"[1]

四、国际商事仲裁协议的独立性问题

（一）仲裁条款的独立性理论

仲裁协议大多是合同中的仲裁条款，如果仲裁庭认定合同无效或因某种原因不再对当事人具有约束力，仲裁庭是否对该争议仍拥有管辖权？这就是仲裁协议的独立性问题，或称仲裁协议的可分割性或自治性问题。

传统观点认为，仲裁条款是含有该条款的合同的不可分割的一部分，合同无效，则仲裁条款当然无效。如果当事人对合同的有效性提出异议，须交由法院而不是仲裁员来决定。传统观点的理由是：作为主合同组成部分的仲裁条款是针对合同的法律关系而起作用的，既然主合同不存在，那么附属于合同的仲裁条款就因此丧失了存在的基础。传统的观点从严格的法律逻辑上看不无道理，但却不是好的法律规则，更阻碍了国际商事仲裁实践的发展，也越来越受到批评。因为如果一方当事人在他方提请仲裁时主张合同无效，仲裁庭就不得不先让当事人取得法院关于合同有效的判决，再开始仲裁程序，那么整个仲裁制度就失去了存在的基础。在此背景下，仲裁条款独立性理论逐步确立和发展起来。

现代观点认为，仲裁条款与其所在的合同是可分的，并与合同的其他条款构成两项分离或独立的合同，合同的其他条款规定的是当事人在商事交易方面的权利和义务，是主合同；仲裁条款是从合同，规定当事人通过仲裁方式解决起源于当事人权利义务的任何争议。从合同或许并不实际执行，例如当事人之间没有发生争议，或者争议已通过其他方式如调解方式

---

[1] 最高人民法院［2012］民四他字第39号复函。

予以解决，从合同得以实施的前提条件正是双方当事人之间因主合同是否存在，是否有效以及其他事项发生了争议。按照这一观点，仲裁协议独立于合同的存在，合同是否成立和其效力不影响仲裁协议的效力，如果一方当事人对主合同的有效性提出异议，争议仍应由仲裁员而不是法院解决。这就是所谓的仲裁条款独立性理论或自治理论。

仲裁条款独立性理论根源于仲裁的目的和作用。仲裁之所以发展，功在于商人自己，因为商人视其为解决他们之间争议的一种方便和合适的方法，他们通过实用主义的经验而促成此点。他们发展仲裁是在法律之外或不顾法律而行事，事实上，法律在很大程度上是走在实践后面的。基于仲裁协议在仲裁中的特殊意义，人们在实践中应以特殊的态度对待以仲裁条款为表现形式的仲裁协议，正确认识仲裁条款的作用。事实上，订立仲裁条款的目的在于保证主合同所规定的权利义务的履行，包括在主合同发生争议时，保证争议能够得到及时顺利的解决。为实现该目的，必须使仲裁条款独立于主合同效力之外。当主合同被确认无效时，基于此无效合同所产生的财产后果及其他争议仍需得到解决，要使得这些争议仍能按照当事人的意愿以仲裁方式解决，就必须承认仲裁条款的独立性。

目前，仲裁条款独立性理论得到了国际商事仲裁立法及各国国内仲裁立法与实践的普遍认同。例如，《联合国国际商事仲裁示范法》第 16 条第 1 款规定："仲裁庭可以对它自己的管辖权包括对仲裁协议的存在或效力的任何异议，作出裁定。为此目的，构成合同的一部分的仲裁条款应视为独立于其他合同条款以外的一项协议。仲裁庭作出关于合同无效的决定，不应在法律上导致仲裁条款的无效。" 2021 年《国际商会国际仲裁院仲裁规则》第 6 条第 9 款规定："除非另有约定，否则，只要仲裁庭认为仲裁协议有效，仲裁庭不因任何合同不存在或合同无效的主张，而停止对案件的管辖权。即使合同可能不存在或者无效，仲裁庭仍继续享有管辖权，以决定当事人各自的权利并对其请求和抗辩作出裁定。"

（二）我国关于仲裁条款独立性的立法规定和实践

我国《仲裁法》第 19 条第 1 款规定："仲裁协议独立存在，合同的变更、解除、终止或者无效，不影响仲裁协议的效力。"但该条款并未就合同成立后未生效、成立后被撤销以及合同不存在情况下仲裁条款的独立性问题作出规定。2006 年《仲裁法司法解释》第 10 条进行了补充，其规定："合同成立后未生效或者被撤销的，仲裁协议效力的认定适用仲裁法第十九条第一款的规定。当事人在订立合同时就争议达成仲裁协议的，合同未成立不影响仲裁协议的效力。"除了《仲裁法》及其司法解释，我国知名的仲裁机构的仲裁规则也更详细地规定了仲裁条款独立性原则。例如，2014 年《贸仲规则》第 5 条第 4 项规定："合同中的仲裁条款应视为与合同其他条款分离的、独立存在的条款，附属于合同的仲裁协议也应视为与合同其他条款分离的、独立存在的一个部分；合同的变更、解除、终止、转让、失效、无效、未生效、被撤销以及成立与否，均不影响仲裁条款或仲裁协议的效力。"

在我国司法实践中，曾经有一段时间对仲裁条款独立性存在认识上的误区。例如，在 20 世纪 80 年代的中国技术进出口总公司诉瑞士工业资源公司侵权损害赔偿纠纷案中，法院以缔约时当事人使用欺诈手段，致使合同无效为由，判定合同中的仲裁条款也随之无效。但是，从目前我国法院的实践看，本着支持仲裁的理念，在司法实践中均支持仲裁条款的独立性。例如，在运裕有限公司与深圳市中苑城商业投资控股有限公司申请确认仲裁协议效力案中，最高人民法院认为：仲裁协议独立性是广泛认可的一项基本法律原则，是指仲裁协议与主合同是可分的，互相独立，它们的存在与效力，以及适用于它们的准据法都是可分的。由于仲裁条款是仲裁协议的主要类型，仲裁条款与合同其他条款出现在同一文件中，赋予仲裁条款独立性，比强调独立的仲裁协议具有独立性更有实践意义，甚至可以说仲裁协议独立性主要是指仲裁条款和主合同是可分的。对于仲裁协议的独立性，中华人民共和国法律和本院司法解释均有规定。《仲裁法》第 19 条第 1款规定："仲裁协议独立存在，合同的变更、解除、终止或者无效，不影响仲裁协议的效力。"从上下文关系看，该条是在第 16 条明确了仲裁条款属于仲裁协议之后，规定了仲裁协议的独立性。因此，仲裁条款独立于合同。对于仲裁条款能否完全独立于合同而成立，《仲裁法》的规定似乎不是特别清晰，不如已成立合同的变更、解除、终止或者无效不影响仲裁协议效力的规定那么明确。在司法实践中，合同是否成立与其中的仲裁条款是否成立这两个问题常常纠缠不清。但是，《仲裁法》第 19 条第 1 款开头部分"仲裁协议独立存在"，是概括性、总领性的表述，应当涵盖仲裁协议是否存在即是否成立的问题，之后的表述则是进一步强调列举的几类情形也不能影响仲裁协议的效力。《仲裁法司法解释》第 10 条第 2 款进一步明确："当事人在订立合同时就争议达成仲裁协议的，合同未成立不影响仲裁协议的效力。"因此，在确定仲裁条款效力包括仲裁条款是否成立时，可以先行确定仲裁条款本身的效力；在确有必要时，才考虑对整个合同的效力包括合同是否成立进行认定。本案亦依此规则，先根据本案具体情况来确定仲裁条款是否成立。根据《仲裁法司法解释》第 10 条第 2 款的规定，即使合同未成立，仲裁条款的效力也不受影响。在当事人已达成仲裁协议的情况下，对于本案合同是否成立的问题无须再行认定，该问题应在仲裁中解决。[1]

仲裁条款独立性原则是国际商事仲裁中的一项基本原则，其在理论和实践上都具有重要的意义。对该原则的理解和解释直接反映了对仲裁本质的认识以及对仲裁的支持程度。尽管在仲裁条款独立性问题上各国尚存在某些理论及实践上的分歧，但从总体上看，各国普遍确立了支持仲裁的政策，并且该原则在我国的立法和司法实践中也已得到接受，体现出我国法院支持仲裁，积极营造仲裁友好型司法环境的理念。

第三节　国际商事仲裁中的仲裁员和仲裁庭

一、仲裁员的资格

仲裁员是仲裁程序的必备要件，没有合格的仲裁员，仲裁程序就无法进行。正如国际商事仲裁中的名言："仲裁之良窳取决于仲裁员（Arbitration is only as good as its arbitrators）。"仲裁员的重要性在于，他们是提交仲裁的

---

〔1〕　最高人民法院［2019］最高法民特 1 号民事裁定书。

实体争议的裁判者；是仲裁程序的主持人；大多数情况下，仲裁员还是仲裁管辖权问题的初步决定者。

仲裁员资格是仲裁员制度中首先要解决的问题，也是保证仲裁员公正性和独立性的前提和基础。所谓仲裁员资格，是指仲裁法、仲裁机构或当事人对担任仲裁员的自然人所施加的某种限制。仲裁员的资格要求主要包括法律规定的法定资格要求、仲裁机构的资格要求以及当事人的约定要求。

（一）仲裁员的法定资格要求

各国法律中规定的仲裁员资格要求体现了国家对仲裁员的要求，具有公权力的介入性和法律的强制性。国家一般都规定了仲裁员最低法定资格，目的主要是确保仲裁员起码具备完全的民事行为能力。此外，也体现出尊重当事人自己决定争议裁决者所具备的资格的权利，反映出国家对仲裁当事人意思自治的尊重。

从各国对仲裁员资格的有关规定看，各国的规定有宽有严。规定比较宽松的国家，如《荷兰民事诉讼法典》规定：任何有法律行为能力的自然人均可被指定为仲裁员。有些国家通过禁止某类人员担任仲裁员来对仲裁员的资格条件进行限定。《意大利民事诉讼法典》规定：未成年人、无法律行为能力人、破产者以及被开除公职的人，不能担任仲裁员。也有些国家对仲裁员的资格条件规定得较为严格，如在西班牙，只有执业律师才能被选择为仲裁员。我国《仲裁法》对仲裁员的资格条件作了比较严格的限定。《仲裁法》第13条规定："仲裁委员会应当从公道正派的人员中聘任仲裁员。仲裁员应当符合下列条件之一：（一）通过国家统一法律职业资格考试取得法律职业资格，从事仲裁工作满八年的；（二）从事律师工作满八年的；（三）曾任法官满八年的；（四）从事法律研究、教学工作并具有高级职称的；（五）具有法律知识、从事经济贸易等专业工作并具有高级职称或者具有同等专业水平的……"此外，对于外籍仲裁员的资格要求，《仲裁法》第67条规定："涉外仲裁委员会可以从具有法律、经济贸易、科学技术等专门知识的外籍人士中聘任仲裁员。"

国家法律对仲裁员资格严格立法的初衷是确保高素质人士担任仲裁员，以便能够公正合理地作出高质量的仲裁裁决。我国《仲裁法》严格限制仲裁员法定资格的做法，在我国仲裁事业发展初期，维护了仲裁的质量，提高了社会对仲裁的认可程度，对我国仲裁的发展发挥了一定的积极作用。但是随着仲裁的发展，严格的法定资格要求会带来一定的弊端，不利于广泛吸纳优秀的专业人士进入仲裁员队伍，限制了仲裁发展的空间。此外，也缩小了当事人选择仲裁员的范围，违背了当事人意思自治原则。

（二）仲裁机构确定的仲裁员资格

仲裁机构根据本机构的特点和需要，在聘任本机构的仲裁员时一般均规定了仲裁员的资格要求。例如，《中国国际经济贸易仲裁委员会、中国海事仲裁委员会关于聘任仲裁员的规定》第 2 条规定："仲裁员的条件　中国籍仲裁员应当具备以下条件：1、热爱仲裁事业，公道正派、品行高尚，坚持独立公正办案原则；2、从事仲裁工作满 8 年，或者从事律师工作满 8 年，或者曾任审判员满 8 年，或者从事法律研究、教学工作并具有高级职称，或者具有法律知识、从事经济贸易等专业工作并具有高级职称或者具有同等专业水平；3、拥护仲裁委员会章程，愿意遵守仲裁委员会仲裁规则、仲裁员守则以及仲裁委员会其他有关规定；4、掌握一门外语并可以作为工作语言，少数知名人士可适当放宽；5、能够保证仲裁办案时间；6、仲裁委员会规定的其他条件。外籍仲裁员应当具备以下条件：1、热爱仲裁事业，公道正派、品行高尚，坚持独立公正办案原则；2、具有法律、经济贸易、科学技术或海商海事等专业知识和实际工作经验；3、拥护仲裁委员会章程，愿意遵守仲裁委员会仲裁规则、仲裁员守则以及仲裁委员会其他有关规定；4、掌握一定的中文知识，少数知名人士可适当放宽；5、仲裁委员会规定的其他条件。在港澳台人士中聘任仲裁员，参照外籍仲裁员条件。"

（三）当事人约定的仲裁员资格

实践中，当事人可以在仲裁协议中约定仲裁员的国籍、专业资格、外语能力、职业背景等。在此前提下，当事人选定或者指定机构代为指定仲裁员时，均应遵守当事人的这一约定。例如，《联合国国际商事仲裁示范法》就规定了仲裁员的指定机构有"合理注意的义务"，其第 11 条第 5 款规定："……该法院或其他机构在指定仲裁员时应适当顾及当事各方协议的仲裁员需要具备的任何资格，并适当顾及可能确保能指定独立和公正的仲裁员的种种考虑，而且在指定独任仲裁员或第三名仲裁员时，还应考虑到指定一名所属国籍与当事各方均不相同的仲裁员的可取性。"

在北京市第四中级人民法院审理的高士通公司申请撤销中国国际经济贸易仲裁委员会仲裁裁决案中，申请人申请撤裁的理由之一是："仲裁庭首席仲裁员的指定人选违反当事人约定。本案中首席仲裁员并不具备中国法律教育学历背景，其不能够依据中国法律来认定双方的法律责任，并作出符合中国法律解释的法律裁决。"在本案中，双方签署的合同约定：仲裁庭由3名仲裁员组成，首席仲裁员不应是或者曾经是中国或甲方注册登记所在国的公民。北京市第四中级人民法院认为：关于仲裁庭首席仲裁员的人选是否违反当事人约定的问题，合同只对首席仲裁员的国籍作出约定，对其教育背景未作约定。合同约定其协议应按照中国法律解释，并不足以由此推论出要求首席仲裁员具备中国法律教育背景的结论。仲裁期间中国国际经济贸易仲裁委员会主任代为指定的首席仲裁员系新加坡公民，符合双方合同约定。申请人撤裁理由不予支持。[1]

二、仲裁庭的组成

(一) 仲裁庭的组成人数

仲裁庭可由一名或多名仲裁员组成，当事人可以决定仲裁庭的人数，但也有一些国家强制性规定要求仲裁庭的人数必须是奇数。我国《仲裁法》第30条规定："仲裁庭可以由三名仲裁员或者一名仲裁员组成。由三名仲裁员组成的，设首席仲裁员。"2014年《贸仲规则》第25条规定："仲裁庭的人数　(一) 仲裁庭由一名或三名仲裁员组成。(二) 除非当事人另有约定或本规则另有规定，仲裁庭由三名仲裁员组成。"因此，在当事人起草仲裁协议时，可以自行约定或者通过仲裁规则确定仲裁庭的组成方式和人数。

(二) 仲裁员的选定或指定

在国际商事仲裁中，各国仲裁法都允许当事人约定或者共同指定一名

---

〔1〕　北京市第四中级人民法院［2015］四中民（商）特字第00108号民事裁定书。

仲裁员，即所谓的独任仲裁员组成仲裁庭。由独任仲裁员审理案件，比较迅速，并且成本较低。因为支付一名仲裁员的费用比支付多名仲裁员的费用相对来说要少一些。一名仲裁员安排听证和审理比多名仲裁员组成的仲裁庭更容易一些。不过，在争议发生之后，当事人就独任仲裁员的选定达成一致意见比较困难。此时，独任仲裁员就需要依有关的仲裁规则由有关机构或法院指定。我国《仲裁法》第 31 条第 2 款规定："当事人约定由一名仲裁员成立仲裁庭的，应当由当事人共同选定或者共同委托仲裁委员会主任指定仲裁员。"

在国际商事仲裁实践中，由 3 名仲裁员组成的仲裁庭是一种非常普遍的方式。许多国家的法律都规定，在当事人没有约定的情况下，应指定 3 名仲裁员组成仲裁庭。实践中，通常是由当事人各自指定一名仲裁员，再由双方共同指定或者双方指定的仲裁员来确定第三名仲裁员，或者由某一机构指定第三名仲裁员。第三名仲裁员即为首席仲裁员。例如，2014 年《贸仲规则》第 27 条规定："三人仲裁庭的组成 （一）申请人和被申请人应各自在收到仲裁通知后十五天内选定或委托仲裁委员会主任指定一名仲裁员。当事人未在上述期限内选定或委托仲裁委员会主任指定的，由仲裁委员会主任指定。（二）第三名仲裁员由双方当事人在被申请人收到仲裁通知后 15 天内共同选定或共同委托仲裁委员会主任指定。第三名仲裁员为仲裁庭的首席仲裁员。（三）双方当事人可以各自推荐一至五名候选人作为首席仲裁员人选，并按照上述第（二）款规定的期限提交推荐名单。双方当事人的推荐名单中有一名人选相同的，该人选为双方当事人共同选定的首席仲裁员；有一名以上人选相同的，由仲裁委员会主任根据案件的具体情况在相同人选中确定一名首席仲裁员，该名首席仲裁员仍为双方共同选定的首席仲裁员；推荐名单中没有相同人选时，由仲裁委员会主任指定首席仲裁员。（四）双方当事人未能按照上述规定共同选定首席仲裁员的，由仲裁委员会主任指定首席仲裁员。"北京仲裁委员会的仲裁规则在首席仲裁员的选定问题上也作了类似的规定。从中国国际经济贸易仲裁委员会和北京仲裁委员会的仲裁规则来看，在首席仲裁员的人选上，通过当事人推荐名单，提高了当事人意思自治的可能性，比单纯由仲裁机构或法院指定首席仲裁员更容易得到当事人的接受。

在实践中，当事人往往以仲裁庭的组成与仲裁规则不符为由申请撤销或不予执行仲裁裁决。例如，在张某、盛兰控股集团（BVI）有限公司与甜蜜生活美食集团控股有限公司申请撤销仲裁裁决案中，双方签订的合同对仲裁庭的组成方式约定如下："因本协议、或本协议的违约、终止或无效而引发或与之有关任何争议、争端或索赔（无论是合同、先合同或是非合同性的），均应当提交中国国际经济贸易仲裁委员会（"贸仲"）依据本协议签署之日有效的贸仲仲裁规则（"规则"）进行具有约束力的仲裁，该规则应被视为以引述的方式纳入本条，并可由本条其他规定予以修订。仲裁地应为北京。仲裁员应为三（3）名。申请人应指定一（1）名仲裁员，被申请人应指定一（1）名仲裁员。第三名仲裁员（担任首席仲裁员）应按照下列程序指定：13.2.1贸仲秘书处应向各当事方提供一份相同的名单，其中包含至少三名候选人，并均（ⅰ）具有香港律师执业资格，且（ⅱ）非中国公民；13.2.2各当事方应删除名单中其反对的人选、对其余人选按照其倾向性排序，并在收到名单的15日内将其返还给贸仲秘书处（由最倾向排列至最不倾向的顺序）；13.2.3上述期限届满后，贸仲应在各当事方批准的相同人选姓名中按照各当事方的倾向性顺序指定首席仲裁员；以及13.2.4如果基于任何原因无法按照上述程序进行指定，贸仲主席应行使其酌情决定权，从贸仲仲裁员名册中指定一名符合以上第13.2.1款的资格及国籍要求的首席仲裁员；在此说明，各方同意可以选择贸仲仲裁员名册以外的仲裁员，但应经贸仲主席确认。"此外，当事人选择适用的2012年《贸仲规则》对多方仲裁的组庭方式作出了规定，并就多方不能选定仲裁员时的处理方式进行了规定。[1]

---

〔1〕 2012年《贸仲规则》第27条规定："多方当事人仲裁庭的组成 （一）仲裁案件有两个或两个以上申请人及/或被申请人时，申请人方及/或被申请人方应各自协商，各方共同选定或共同委托仲裁委员会主任指定一名仲裁员。（二）首席仲裁员或独任仲裁员应按照本规则第二十五条第（二）、（三）、（四）款规定的程序选定或指定。申请人方及/或被申请人方按照本规则第二十五条第（三）款的规定选定首席仲裁员或独任仲裁员时，应各方共同协商，并提交各方共同选定的候选人名单。（三）如果申请人方及/或被申请人方未能在收到仲裁通知后15天内各方共同选定或各方共同委托仲裁委员会主任指定一名仲裁员，则由仲裁委员会主任指定仲裁庭三名仲裁员，并从中确定一人担任首席仲裁员。"

后双方当事人发生争议，中国国际经济贸易仲裁委员会根据仲裁规则指定了首席仲裁员。裁决作出后，张某、盛兰控股集团（BVI）有限公司以仲裁庭组成与仲裁规则不符为由，申请撤销仲裁裁决。我国最高人民法院国际商事法庭指出：解释合同条款，应当尽可能赋予其有效性，而不应使其成为冗余或毫无意义的条款。如果没有其他更强有力的理由，案涉仲裁条款不应理解为是对 2012 年《贸仲规则》第 27 条的简单重复，否则仲裁条款的约定将变得毫无意义。根据案涉仲裁条款的表述，该条款应理解为，双方当事人根据约定分别获得了选择一名仲裁员的权利。当仲裁一方当事人因某种原因无法行使该权利时，不能因此影响另一方当事人的权利。在当事人约定各方均有选定一名仲裁员权利的前提下，仲裁机构仅在一方当事人无法选定仲裁员时即剥夺另一方当事人选定仲裁员的权利，将违反当事人意思自治原则。仲裁庭的权力来源于当事人的合意授权，仲裁程序的契约性特征决定了这种争端解决方式最为核心的内容是各方的意愿能够尽可能体现在仲裁的整个程序中，当然也包括仲裁庭的组成程序。因此，在仲裁条款明确赋予双方当事人享有指定仲裁员权利的前提下，贸仲应尊重双方当事人依约定享有的指定一名仲裁员的权利，而非直接适用 2012 年《贸仲规则》第 27 条第 3 项同时为仲裁双方当事人各指定一名仲裁员。仲裁被申请人方虽然有两个主体，但张某是盛兰控股集团（BVI）有限公司的唯一股东和唯一董事，都被界定为协议卖方，属于利益一致的仲裁一方当事人。案涉仲裁条款赋予该方当事人共同指定一名仲裁员的权利，该约定事实上并无无法实施的障碍。本案仲裁庭的组成并不违反当事人约定的仲裁规则。当事人申请撤销仲裁裁决，缺乏事实与法律依据，本院不予支持。[1]

三、仲裁员的公正性和独立性问题

（一）国际律师协会《国际仲裁利益冲突指引》

仲裁员在接受指定到最终作出裁决或仲裁程序终止前的整个仲裁程序中都应保持公正和独立，这是国际商事仲裁对仲裁员的一项最基本的要求。

---

〔1〕　最高人民法院〔2019〕最高法民特 5 号民事裁定书。

例如，我国 2014 年《贸仲规则》第 24 条规定："仲裁员的义务　仲裁员不代表任何一方当事人，应独立于各方当事人，平等地对待各方当事人。"独立性涉及仲裁员与当事人之间是否存在着经济或其他联系。公正性则关系到仲裁员对一方当事人或者争议的问题是否有偏袒。[1]

随着国际商事活动的增多，仲裁员与当事人之间往往会产生或多或少的利害关系，这也意味着仲裁员存在利益冲突，这些利益冲突会影响到仲裁员的独立性和公正性。在国际商事仲裁中，各个仲裁机构的仲裁规则一般都规定仲裁员在接受任命时必须将可能影响到独立性和公正性的利益冲突事项予以披露。同时，仲裁规则也赋予当事人在认为利益冲突足以影响到仲裁员的独立性和公正性时，请求仲裁员回避的权利。例如，我国 2014 年《贸仲规则》第 31 条规定："披露　（一）被选定或被指定的仲裁员应签署声明书，披露可能引起对其公正性和独立性产生合理怀疑的任何事实或情况。（二）在仲裁程序中出现应披露情形的，仲裁员应立即书面披露。（三）仲裁员的声明书及/或披露的信息应提交仲裁委员会仲裁院并转交各方当事人。"

在国际商事仲裁实践中，独立性和公正性的判断标准非常抽象。为此，国际律师协会（IBA）于 2004 年发布了《国际仲裁利益冲突指引》（IBA Guidelines on Conflicts of Interest in International Arbitration，以下简称《利益冲突指引》），并于 2014 年对《利益冲突指引》进行了修改。尽管《利益冲突指引》不具有法律约束力，但当事人可以约定适用该指引，且其已成为国际仲裁中仲裁员衡量是否需要进行披露的重要参考依据。

《利益冲突指引》列举了可能会影响仲裁员独立性和公正性的具体情形（尽管不是穷尽的）。按照《利益冲突指引》，当拟任仲裁员存在列举的利益冲突情形时，有披露义务。披露之后能否继续担任仲裁员，取决于该种情形是否严重、是否经过当事人的同意，或者当事人是否在特定期限内予以反馈等。《利益冲突指引》以利益冲突对仲裁程序公正性的影响程度大小作为标准，对国际仲裁中的利益冲突进行了分类，分别列举出了红色、橙色

---

[1]　韩健：《现代国际商事仲裁法的理论与实践》（修订本），法律出版社 2000 年版，第 171 页。

以及绿色清单，给国际仲裁活动中的当事人及仲裁员提供了有效借鉴。

红色清单由两部分组成，包括"不可弃权红色清单"（Non-Waivable Red List）和"可弃权红色清单"（Waivable Red List）。在不可弃权红色清单下，即使披露了此类情形，也不能消除利益冲突。即在不可弃权红色清单规定的情形出现时，仲裁员无论如何都不得继续担任该案仲裁员。而在可弃权红色清单规定的情形下，只有在双方当事人知晓此种利益冲突，仍明示同意该人士依然可担任仲裁员时，才视为对此情形放弃异议权。

不可弃权红色清单规定的情形有：一方当事人和仲裁员存在同一性，或仲裁员是一方当事人的法律代表或雇员；仲裁员是当事一方的经理、董事或监事会成员，或对当事人一方或是对仲裁结果享有直接经济利益的实体，有控制性影响；仲裁员对当事一方或案件结果有实质的经济或个人利益；仲裁员或其所在的工作单位，为当事人或该当事人的关联机构提供日常服务，且仲裁员或其所在的工作单位从中获取实质经济收入。

可弃权红色清单规定的情形又包括了仲裁员与争议的关系、仲裁员对争议的直接或间接利益、仲裁员与当事人或代理人的关系等情形：仲裁员就争议已向当事人或当事人的关联机构提供了法律建议或专家意见；仲裁员在先前已涉及案件；仲裁员直接或间接持有当事一方或当事一方的关联机构的股权，该当事人一方或其关联机构的股权为封闭持有；仲裁员的亲密家庭成员对争议结果有实质性的经济利益；仲裁员或其亲密家庭成员与有权追索争议败诉方的非当事一方有密切关系；仲裁员目前正代表当事一方或当事一方的关联机构，或为其提供建议；仲裁员目前正代表作为一方当事人代理人的律师或律师事务所，或为其提供建议；仲裁员与当事一方的代理人是同一律师事务所的律师；仲裁员是当事一方的关联机构的经理、董事或监事会成员或对该关联机构有控制性影响，且该关联机构直接涉及仲裁争议的事项；仲裁员所在的律师事务所先前涉及案件，但现在已不涉及，而该仲裁员本身并未涉及案件；仲裁员所在律师事务所目前与当事一方或其关联机构具有实质性的商业关系；仲裁员为当事人或该当事人的关联机构提供日常服务，但仲裁员和其所在的事务所并不从中获取实质性的经济收入；仲裁员与一方当事人、一方当事人或其关联机构的经理、董事或监事会成员及任何对该当事人或其关联机构具有控制性影响的人以及当事人的代理人，有亲密的家庭成员关系；仲裁员的亲密家庭成员对当事一方或当事一方的关联机构有实质性的经济或个人利益。

橙色清单规定的情形会使当事人对仲裁员的公正性和独立性产生合理怀疑，仲裁员有义务披露此种情形。仲裁员披露后，除非当事人及时反对，否则即视为其已接受该仲裁员。橙色清单规定的具体情形包括仲裁员先前为当事一方提供过服务或因其他原因参与过案件、仲裁员目前正为当事一方服务、仲裁员与另一仲裁员或代理人之间的关系、仲裁员与当事人和仲裁涉及的其他人之间的关系等：仲裁员在过去的 3 年内就与争议无关的事项担任过当事一方或其关联机构的代理人，或在先前就与争议无关的事项为当事人或其关联机构提供过建议或接受过咨询，但是该仲裁员与当事人或其关联机构没有持续性关系；仲裁员在过去 3 年内在当事一方或其关联机构涉及的与本争议无关的事项中，担任过对方当事人的代理人；仲裁员在过去 3 年内曾两次或两次以上被当事一方或其关联机构指定为仲裁员；仲裁员所在的律师事务所在过去 3 年内就与争议无关的事项为当事一方或其关联机构提供过服务，但该仲裁员未参与其中；仲裁员目前或在过去的 3 年内，在另一起涉及本案当事一方或其关联机构，且与本案争议相关的仲裁中担任仲裁员；仲裁员所在律师事务所目前正为当事一方或其关联机构提供服务，但未与之产生实质性商业关系，该仲裁员也未参与其中；仲裁员与仲裁员所在律师事务所分享实质性收入或其他收益的另一律师事务所或其他法律组织在本案仲裁中为当事一方或其关联机构提供法律服务；仲裁员或其所在的律师事务所为当事人或当事人的关联机构提供日常的仲裁代理服务，但不涉及目前的争议；仲裁员与另一仲裁员是同一律师事务所的律师；仲裁员与另一仲裁员或当事一方的代理人在同一出庭律师办公室；仲裁员在过去的 3 年内是另一仲裁员或代理人的合伙人或下属；仲裁员所在律师事务所的某一律师在涉及本案一方或双方当事人或当事人的关联机构的另一争议中，担任仲裁员；仲裁员的亲密家庭成员是代表当事一方的律师事务所的合伙人或雇员，但该家庭成员没有参与本案争议的解决；仲裁员和当事一方的代理人存在密切的私人朋友关系；仲裁员与当事人的代理人之间存在敌意；仲裁员在过去 3 年内受到同一代理人或同一律师事务所 3 次以上任命；仲裁员与另一位仲裁员或其中一方当事人的代理人，目前或在过去的 3 年内合作代理案件；仲裁员所在律师事务所目前的行为针对当事一方或其关联机构；仲裁员因其专业能力与当事人或当事一方的关联机构有关联，诸如是当事人或当事一方的关联机构的雇员或合伙人；仲裁员与当事一方的，或与本案仲裁结果有直接经济利益的实体的经理、董事或监事会成员有密切的私人朋友关系，或与任何对当事人、当事人的关联机构、证人、专家有控制性影响的人（如控制性股东权益）存在密切的私人朋友关系；仲裁员与当事一方的，或与本案仲裁结果有直接经济利益的实体的经理、董事或监事会成员之间存在敌意，或与任何对当事人、当事人的关联机构、证人、专家有控制性影响的人（如控制性股东权益）之间存在敌意；如仲裁员曾经是法官，他（她）在过去 3 年内审理过涉及当事一方或其关联机构的重要案件；仲裁员直接或间接持有当事一方或当事一方的关联机构的股票，且因其公开列明的数量或票面价值构成实质性持有；仲裁员公开对案件发表观点，无论是以公开的文章、言论或其他方式；仲裁员在与争议有关的委派机构中担任职务；仲裁员是当事一方的关联机构的经理、董事或监事会成员或任何对该关联机构有控制性影响的人，而该关联机构不直接涉及仲裁争议事项。

绿色清单下的情形，从客观角度看来，在表面或实质上没有利益冲突的具体情形，仲裁员没有义务披露绿色清单包含的情形。绿色清单规定的情况包括：仲裁员先前表明法律意见、仲裁员目前为当事一方服务、仲裁员与另一仲裁员或当事一方的代理人有接触、仲裁员与当事一方之间的接触等情形：仲裁员先前已就仲裁中同样出现的问题公开发表过一般观点（比如在法律评论文章或公开讲演中），但是先前观点并不针对本仲裁案件；与仲裁员所在律师事务所有关联或联合的，但并不分享收入和酬金的另一事务所，就与争议无关的事项为当事一方或其关联机构提供服务；因是同一职业协会、社会或慈善组织的成员或通过社交网络，仲裁员与另一仲裁员或当事一方的代理人有关系；仲裁员与当事人一方的代理人在先前的另一起案件中共同担任仲裁员；仲裁员与另一仲裁员或一方当事人的代理人，在同一家机构或学校任教，或在某个职业协会、社会组织或慈善组织中担任官职；仲裁员与另一位仲裁员或当事人代理人曾一次或多次共同在会议中担任演讲者、主持人或组织者，或共同参加研讨会、专业、社会或慈善组织的工作小组；仲裁员在委任前与一方当事人或该当事人的关联机构（或各自的代理人）有初步接触，如该接触仅限于了解仲裁员的时间安排和专业资格以及首席仲裁员的可能人选，并未指出争议的核心和程序问题，除了向仲裁员提供对案件的基本认识；仲裁员未大量持有当事一方或其关联机构公开发行的股票；仲裁员与当事一方或其关联机构的经理、董事或监事会成员及任何对当事一方或其关联机构有控制性影响的人，曾经作为共同专家共事，或在其他专业领域共事，包括在同一案件中担任仲裁员；通过社交网络，仲裁员与一方当事人或该当事人的关联机构有关系。

（二） 国际商会国际仲裁院《当事人与仲裁庭在国际商会仲裁规则下参与仲裁程序的指引》

2019 年 1 月 1 日开始生效的国际商会国际仲裁院《当事人与仲裁庭在国际商会仲裁规则下参与仲裁程序的指引》（以下简称《指引》）规定，仲裁员和仲裁员候选人不仅要披露他们与当事人及关联方的关系，还要披露与对仲裁结果有利益关系的非仲裁当事人的关系。关于这方面，《指引》强调了秘书处在仲裁开始时确定"相关实体"清单的做法。这种做法的目的是协助仲裁员候选人为其披露做准备。然而，秘书处所确定的上述实体并不一定意味着该实体与范围或披露有关，也不意味着对秘书处未指明的其他非缔约方无须进行披露。最后，应由候选仲裁员评估是否应披露非当事人。《指引》还以不完全列举的方式提出了仲裁员判断是否披露时应"特别注意"的具体情形，其中多数情形与 IBA《利益冲突指引》清单中列举的事项重合。

（三） 我国关于仲裁员回避的规定和实践

中国的仲裁机构，大多制定有本机构的仲裁员守则或者行为考察规定。例如，《中国国际经济贸易仲裁委员会、中国海事仲裁委员会仲裁员守则》明确规定，仲裁员应当独立、公正、勤勉、审慎地审理案件。仲裁员不代表任何一方当事人，应当平等地对待双方当事人。仲裁员依法独立裁决，不受任何行政机关、社会团体和个人的干涉，对案件裁决负责，并接受监督。事先与任何一方当事人（及其代理人）讨论过案件、或者提出过咨询意见的，不得担任该案仲裁员。仲裁员不得以任何直接或间接方式接受当事人馈赠或宴请等不当利益。仲裁员不得与任何一方当事人单独会见、讨论案件情况或接受案件材料，但在调解过程中仲裁庭决定仲裁员与一方当事人单独会见的除外。仲裁员与案件有利害关系或其他关系，可能引起对其公正性和独立性产生合理怀疑的，应当主动向本委员会披露。如果与当事人存在近亲属关系、财产与金钱关系、业务与商业合作关系等，仲裁员应当主动请求回避。《仲裁员行为考察规定》第 6 条规定："仲裁员接受选定或指定时，应当如实填写接受选定或指定的声明书。存在下列可能导致当事人对仲裁员的独立性、公正性产生合理怀疑的情形之一的，仲裁员应当及时向本委员会书面披露：1. 仲裁员、所在工作单位与案件有关联，或者与当事人、代理人及其关联单位两年内有业务往来的；2. 当前或两年内，与同案仲裁员在同一个单位工作的；3. 仲裁员与当事人、当事人的主要管理人员或代理人在同一社会组织担任专职工作，有经常性工作接触的；4. 当前或两年内，仲裁员在与案件有关联的机构担任职务的；5. 仲裁员或其近亲属与当事人或代理人有较为密切私人关系的；6. 仲裁员两年内曾经接受同一当事人、代理人或律师事务所选定担任仲裁员超过三次（不含三次）的，关联案件或同类型案件除外；7. 其他可能导致当事人对仲裁员的独立性、公正性产生合理怀疑的情形。案件仲裁过程中，仲裁员知悉应予披露情形的，应当立即披露。本委员会根据披露情况，研究决定仲裁员是否回避。"第 7 条规定："有下列情形之一的，仲裁员应当主动向本委员会申请回避，当事人和仲裁庭其他成员也可以向本委员会主任提出回避的书面请求，并说明具体理由，是否回避由本委员会主任决定。本委员会主任也可以主动决定仲裁员回避。1. 是本案当事人或者当事人、代理人近亲属的；2. 仲裁员或其近亲属与本案有利害关系的；3. 私自会见当事人、代理人，或者接受当事人、代理人不当利益的；4. 与本案当事人、代理人有其他关系，可能影响公正仲裁的，主要包括：（1）事先就本案争议向当事人、代理人提供过咨询意见的；（2）为本案当事人推荐、介绍代理人的；（3）曾担任本案或与本案有关联案件的证人、鉴定人、勘验人、辩护人、诉讼或仲裁代理人的；（4）当前或两年内，与当事人、代理人曾在同一单位工作的；（5）当前或两年内，曾担任当事人或当事人关联单位法律顾问、代理人的；（6）近亲属在当事人或代理人所在单位工作的；（7）仲裁员或其近亲属对任何一方当事人可能存在追索权的；（8）仲裁员或其近亲属、所在工作单位，与当事人或代理人为共同权利人、共同义务人或有其他共同利益的；（9）其他可能影响公正仲裁的情形。"

我国《仲裁法》第 34 条规定："仲裁员有下列情形之一的，必须回避，当事人也有权提出回避申请：（一）是本案当事人或者当事人、代理人的近亲属；（二）与本案有利害关系；（三）与本案当事人、代理人有其他关系，可能影响公正仲裁的；（四）私自会见当事人、代理人，或者接受当事人、代理人的请客送礼的。"我国《仲裁法》只规定了仲裁员需回避的情形，并未确立仲裁员的披露义务，这可能导致仲裁员缺乏披露意识，也会影响当事人申请回避权利的实现。并且，在实践中，如何认定"影响公正仲裁的其他关系"，需要结合具体的案件来确定。例如，在郑某基申请撤销中国国际经济贸易仲裁委员会仲裁裁决案中，申请人提出，仲裁庭首席仲裁员未披露其曾与被申请人的代理人为同一家律所的律师，且二人曾共同负责多个项目，并共同作为签字律师，其亦未披露曾与被申请人的代理人共同承办某公司公开发行股票项目并签字，仲裁庭组成违反回避规则，仲裁裁决应予以撤销。而被申请人则认为，中国国际经济贸易仲裁委员会既然指定徐某担任本案首席仲裁员，即表明其已对徐某的身份进行了必要核查，并且认定徐某符合担任本案首席仲裁员的资格，不存在法定应当回避的情形。徐某本人也已出具声明书，声明其与本案当事人及诉讼代理人不存在应当回避的情形，能够公正、客观地对本案作出裁决。北京市第四中级人民法院认定：首先，首席仲裁员与被申请人代理人在仲裁阶段并非在同一家律师事务所执业。其次，根据《律师事务所从事证券法律业务管理办法》和《律师事务所证券法律业务执业规则（试行）》的相关规定，在原仲裁庭首席仲裁员徐某担任上海市某律师事务所负责人期间，其以负责人的身份在由该律师事务所经办的证券业务文书上签字的行为并不表明其实际参与该项目，也不足以证明其与被申请人代理人之间存在足以影响仲裁公正性的关系。故驳回申请人撤销仲裁裁决的申请。[1]

第四节　国际商事仲裁裁决在域外的承认和执行

一、国际商事仲裁裁决承认与执行的含义

国际商事仲裁裁决的承认和执行，是国际商事仲裁制度的核心问题。当事人将争议提交仲裁庭进行仲裁，是为了能够通过仲裁这种便捷的方式迅速解决争议，而解决争议并不能仅仅依靠仲裁庭作出的一纸裁决，关键在于裁决是否能够在有关国家得到承认和执行。从程序上说，仲裁裁决的承认与执行只是仲裁程序的最后一道环节，但它不是一个孤立的程序，它涉及仲裁程序的各个环节。从仲裁程序一开始到作出裁决，仲裁庭和仲裁员都应考虑裁决的可承认和执行的效力，否则，仲裁便显得毫无意义，当事人也不会选择仲裁方式解决争议。[2]由于各国国内法对仲裁裁决的承认和执行的规定不一，在一定程度上造成了国际商事仲裁裁决的承认和执行方面存在诸多障碍。为消除这种分歧和障碍，国际社会从 20 世纪末开始便试图统一各国关于仲裁裁决的承认和执行制度，1958 年在联合国主持下制定通过《承认及执行外国仲裁裁决的公约》（即《纽约公约》）。目前，关于国际商事仲裁裁决的承认和执行，以 1958 年《纽约公约》为核心，已基本上形成了较为成熟和统一的制度。

国际商事仲裁裁决的承认和执行虽然常常在一起使用，但其含义并不相同。承认是执行的前提，承认和执行既可分又不可分，二者紧密相联。

仲裁裁决的承认本身是一种防御程序。对裁决的承认往往产生于这样的情形：在裁决已经作出，一方当事人又就先前仲裁中已经解决了的争议向法院提起诉讼时，胜诉一方往往会以争议已经解决为由提出反对，并以

---

[1]　北京市第四中级人民法院［2015］四中民（商）特字第 218 号民事裁定书。

[2]　宋航：《国际商事仲裁裁决的承认与执行》，法律出版社 2000 年版，第 24 页。

裁决为依据或证据要求法院承认裁决具有效力。在这种情况下，便产生要求法院承认先前仲裁裁决的问题，而不存在执行问题。

仲裁裁决的执行，不同于裁决的承认。如果要法院执行一份仲裁裁决，当事人所要求的不仅仅是承认裁决效力，而且还要求法院尽可能采取法律强制手段确保裁决的实施。在这个意义上，裁决的承认和执行也是紧密相联的，承认是执行必不可少的一部分。

二、国际商事仲裁裁决的国籍

（一）各国以及《纽约公约》关于仲裁裁决国籍标准的规定

国际商事仲裁裁决的国籍，是一个非常重要的法律概念。许多国家均将内国裁决和外国裁决予以区别，采取不同的审查标准和执行方式。因此，在仲裁裁决承认与执行之前，首先要确定仲裁裁决的国籍。实践中，不同国家采用不同的标准来确定裁决是内国的还是外国的。

在一些国家，依据裁决作出地来确定仲裁裁决的国籍。例如，《奥地利执行令》第 79 号规定："在奥地利，仲裁裁决的国籍应当由裁决作成地来决定。"依此规定，在奥地利以外作出的裁决应视为外国仲裁裁决。同样的标准也为瑞典、利比亚、波兰等国采用。另有些国家，如希腊，采用的是将仲裁程序适用的法律作为判定裁决国籍的标准。德国和黎巴嫩也认为，如果裁决是根据某外国程序法作成的，则可视为外国的裁决。

关于仲裁裁决国籍的认定标准，1958 年《纽约公约》考虑到了各国之间分歧的存在，最终兼容了两种不同的认定标准。《纽约公约》第 1 条第 1 款规定："仲裁裁决，因自然人或法人间之争议而产生且在申请承认及执行地所在国以外之国家领土内作成者，其承认及执行适用本公约。本公约对于仲裁裁决经申请承认及执行地所在国认为非内国裁决者，亦适用之。"该条款的前半部分采用的是领域标准，或者说是仲裁地标准，即只要不是在内国领域内作成的裁决均为外国裁决。这种标准具有明确性，较容易判断。该条款的后半部分采用的是非内国裁决标准，即申请承认与执行地所在国认为，在本国但依外国法进行的仲裁所作出的仲裁裁决不属于本国裁决，而是一项外国裁决。《纽约公约》规定非内国裁决标准的原因在于，有些国家，如法国、德国等国家的法律规定，在本国但依外国法进行的仲裁而作出的仲裁裁决不属于本国裁决，而是一项外国裁决。在这些国家的要求下，《纽约公约》在确立领域标准的同时，又确立了非内国裁决标准，它的作用在于扩大《纽约公约》的适用范围。但该款允许各国提出保留。

应当指出的是，这两个标准并不是一种平行的关系，而是一种主从关系。非内国裁决标准只是领域标准的一种补充和扩延，而不能取代领域标准。因此，在任何情况下，缔约国承认和执行在另一国领土内作出的裁决都应适用《纽约公约》，即使被请求承认和执行裁决地国认为在另一国领土内作出的裁决属于其内国裁决也不例外。如果因此而不适用《纽约公约》将有悖领域标准，也与扩大《纽约公约》适用范围的目的不相符。既然领域标准是一项首要标准，把《纽约公约》的适用范围确定为一国执行在另一国领土内作出的裁决，那么，非内国裁决标准作为第二标准就只有一种可能，即把《纽约公约》的适用范围扩延到一国执行在其本国领土内作出的被其认为不是其内国的裁决。换而言之，当被请求承认和执行裁决地国与裁决作出国不属于同一国家时，裁决的执行可以适用《纽约公约》。当被请求承认和执行裁决地国与裁决作出地国为同一国家时，如果被请求执行裁决地国认为该在其领域内作出的裁决不是其内国裁决，依第二标准，也可以适用《纽约公约》。由此可见，非内国裁决标准仅适用于在被请求承认和执行裁决地国领土内作出的裁决。

（二）我国关于仲裁裁决国籍认定的规定和司法实践

《民事诉讼法》第 304 条规定："在中华人民共和国领域外作出的发生法律效力的仲裁裁决，需要人民法院承认和执行的，当事人可以直接向被执行人住所地或者其财产所在地的中级人民法院申请。被执行人住所地或者其财产不在中华人民共和国领域内的，当事人可以向申请人住所地或者与裁决的纠纷有适当联系的地点的中级人民法院申请。人民法院应当依照中华人民共和国缔结或者参加的国际条约，或者按照互惠原则办理。"可以看出，我国明确将仲裁裁决作出地作为确定仲裁裁决国籍的认定标准，改变了我国将仲裁机构作为标准的规定，顺应了我国司法实践的转变，并与国际商事仲裁规则接轨。

在以往的司法实践中，最高人民法院曾经根据仲裁机构确定仲裁裁决国籍。例如，在山西天利实业有限公司申请承认和执行国际商会国际仲裁院裁决案中，双方在合同中约定："凡与本合同有关的争议，应在香港特别行政区依照国际商会国际仲裁院规则和英国法仲裁。"在合同履行过程中双方发生争议，山西天利实业有限公司将争议提交国际商会国际仲裁院解决，后又向太原市中级人民法院申请承认和执行国际商会国际仲裁院的仲裁裁决。太原市中级人民法院和山西省高级人民法院认为本案仲裁裁决系在香港特别行政区作出，属于香港特别行政区仲裁裁决，应适用最高人民法院《关于内地与香港特别行政区相互执行仲裁裁决的安排》（以下简称《安排》），而最高人民法院则认为：由于国际商会国际仲裁院系在法国设立的仲裁机构，而我国和法国均为《纽约公约》的成员国，因此审查本案仲裁裁决的承认和执行，应适用《纽约公约》的规定。[1]最高人民法院的这一复函将国际商会国际仲裁院在香港特别行政区作出的仲裁裁决认定为法国仲裁裁决，曾引起业内广泛批评。为此，最高人民法院专门作出法〔2009〕415号《关于香港仲裁裁决在内地执行的有关问题的通知》，指出：当事人向人民法院申请执行在香港特别行政区作出的临时仲裁裁决、国际商会国际仲裁院等国外仲裁机构在香港特别行政区作出的仲裁裁决的，人民法院应当按照《安排》的规定进行审查。不存在《安排》第7条规定的情形的，该仲裁裁决可以在内地得到执行。该通知明确以仲裁地，而非仲裁机构所在地作为确认仲裁裁决籍属的标准，被认为符合国际商事仲裁的潮流。[2]随后在2020年的布兰特伍德申请承认和执行仲裁裁决案中，法院延续了以仲裁地作为仲裁裁决国籍认定标准的思路。在该案中，我国法院认定：外国仲裁机构在中国内地作出的具有涉外性质的仲裁裁决，可以视为中国的涉外仲裁裁决。[3]广州市中级人民法院的上述司法认定，是中国法院首次在司法实践中，将境外仲裁机构在我国内地作出的仲裁裁决认定为我国涉外仲裁

---

〔1〕 最高人民法院〔2004〕民四他字第6号复函。
〔2〕 高晓力："司法应依仲裁地而非仲裁机构所在地确定仲裁裁决籍属"，载《人民司法（案例）》2017年第20期。
〔3〕 广东省广州市中级人民法院〔2015〕穗中法民四初字第62号民事裁定书。

裁决，对于我国仲裁业务的对外开放和仲裁国际化发展具有标志意义。[1]

此外，根据我国在参加《纽约公约》时所作的互惠保留的声明，我国仅对在公约成员国的领土内作出的仲裁裁决的承认和执行适用该公约。

三、《纽约公约》规定的拒绝承认与执行外国仲裁裁决的条件

《纽约公约》第 5 条以排除的方式规定了承认与执行外国仲裁裁决的条件，即被请求承认和执行的裁决具有该公约规定的排除理由时，被请求国有权拒绝承认和执行。《纽约公约》第 5 条规定了拒绝承认和执行外国仲裁裁决的七项理由，其中，前五项理由需要作为裁决执行对象的当事人提出证明，后两项无须当事人提出证明，由被请求承认和执行外国仲裁裁决的国家的主管机关直接认定。

（一）仲裁协议无效

《纽约公约》第 5 条第 1 款（甲）项规定，如果订立仲裁协议的当事人，依对其适用的法律，当时是处于某种无行为能力的情况之下；或者依据当事人选择适用的法律，或者在没有这种选择时，依据作出裁决的国家的法律，该项仲裁协议是无效的，则被请求承认和执行裁决的主管机关可以拒绝承认和执行该项仲裁裁决。

由于国际商事仲裁完全以双方当事人自愿提交仲裁为基础，国际商事仲裁庭的管辖权完全取决于当事人所签订的仲裁协议。如果当事人没有订立或者没有有效地订立仲裁协议，仲裁庭就没有受理争议的法律依据。同时，双方当事人通过仲裁协议将其争议提交仲裁以后，就否定了有关国家法院的诉讼管辖权，影响了有关国家司法主权的行使。所以，世界各国在制定国内立法和缔结有关国际公约时，都把仲裁协议的有效存在作为承认与执行外国仲裁裁决的重要条件之一。

尽管《纽约公约》是关于外国仲裁裁决的承认与执行的公约，但其第 5 条第 1 款（甲）项规定也涉及仲裁协议的有效性判定问题，包括当事人行

---

〔1〕 最高人民法院时任院长周强于 2022 年 10 月 28 日在第十三届全国人民代表大会常务委员会第三十七次会议上所做的《关于人民法院涉外审判工作情况的报告》。

为能力和仲裁协议所适用的法律。

首先，当事人的行为能力是否符合有关国家的法律，将决定仲裁协议的有效性。世界上绝大多数国家的法律都规定，仲裁协议的当事人一方或双方在订立仲裁协议时须具有行为能力，否则，仲裁协议无效。因当事人无行为能力导致仲裁协议无效，仲裁庭作出的裁决也将无法得到有关国家的承认和执行。但是，《纽约公约》并没有统一规定当事人行为能力所适用的法律，仅含糊规定"依对其适用之法律"。在国际私法上，有关自然人和法人权利能力和行为能力的法律适用，各国主要适用当事人的属人法。自然人的属人法，也存在着本国法和住所地法之争，以及现在被广为接受的经常居所地法。对于法人而言，属人法主要包括法人注册登记地法、管理中心所在地法、主要营业地所在地法等不同主张。除了属人法之外，当事人行为能力也可以适用行为地法，包括仲裁协议订立地法和仲裁举行地法。

其次，在仲裁协议的准据法确定问题上，依《纽约公约》第 5 条第 1 款（甲）项的规定，首先适用的是当事人意思自治原则，当事人可以选择仲裁协议所适用的法律，在当事人没有选择时，适用作出裁决地的法律（the country where the award was made），也即仲裁地的法律。

（二）违反正当程序

《纽约公约》第 5 条第 1 款（乙）项规定，作为裁决执行对象的当事人未曾给予有关指定仲裁员或者进行仲裁程序的适当通知，或者作为裁决执行对象的当事人由于其他情况未能提出申辩，则被请求承认和执行裁决的主管机关可以拒绝承认和执行该项仲裁裁决。在国际商事仲裁实践中，被申请人经常以仲裁裁决违反正当程序为由提出应拒绝承认和执行仲裁裁决的抗辩，但实际上能获得法院支持的不多。有学者预测，根据"正当程序"提出抗辩的案件大概只有 10% 最终被法院接受而被拒绝承认和执行。[1]

正当程序的要求无论在法院的诉讼活动中还是在仲裁庭的仲裁过程中都是非常必要的。在国际商事仲裁中，当事人之所以愿意将争议提交仲裁，

---

[1] Andres Jana L., et al., "Recognition and Enforcement of Foreign Arbitral Awards: A Globle Commentary on the New York Convention", *Kluwer Law International*, 2010, p.233.

就在于对仲裁裁决具有公正性的信任，而正当程序要求则是保证仲裁裁决公正性的一个必要条件。从《纽约公约》的规定看，违反正当程序涉及两个方面的问题：未给予当事人适当通知和当事人未能有机会提出申辩。

1. 未给予当事人适当通知

适当通知是指仲裁庭依据当事人约定的或仲裁规则规定的期限和方式及时地告知当事人指定仲裁员以及参加仲裁审理，尤其在一方当事人缺席的情况下，适当通知的要求尤为重要。如果被申请人能够证明仲裁庭没有按照仲裁规则规定的时间和方式通知当事人指定仲裁员或仲裁审理的日期，则被申请承认和执行仲裁裁决的主管机关可以拒绝承认与执行该项仲裁裁决。

需要注意的是，《纽约公约》并未要求具体的送达方式。法院一般根据当事人约定的方式、仲裁规则或仲裁地的法律对送达是否符合正当程序进行判断。

2. 当事人未能有机会提出申辩

当事人未能有机会提出申辩也是法院拒绝承认与执行外国仲裁裁决的情形之一。当事人有平等地陈述案情的机会，有平等地提出或反对仲裁请求的权利，这些机会和权利应在仲裁过程中得到尊重，否则很难保证仲裁的公正性和客观性。但是，如果已经适当地通知了当事人，当事人拒不到庭，则认为当事人是有意放弃其陈述案情的机会。在适当通知后照常进行的缺席仲裁裁决并不妨碍裁决的执行。

（三）仲裁庭超越权限

《纽约公约》第5条第1款（丙）项规定，拒绝承认和执行仲裁裁决的理由包括，"裁决所处理之争议非为交付仲裁之标的或不在其条款之列，或裁决载有关于交付仲裁范围以外事项之决定者，但交付仲裁事项之决定可与未交付仲裁之事项划分时，裁决中关于交付仲裁事项之决定部分得予承认及执行"。此项规定了被申请人有权举证证明仲裁庭超裁并请求法院拒绝承认和执行仲裁裁决。仲裁的契约性要求仲裁庭必须在当事人约定的范围内行事，体现在仲裁裁决上，就是仲裁员不得超出仲裁协议的范围和仲裁请求的范围作出裁决。

仲裁庭超裁包括了两种情形：第一，裁决事项超出了仲裁协议的范围，即"裁决所处理之争议非为交付仲裁之标的或不在其条款之列"；第二，裁决超出了当事人请求仲裁的事项范围，即"裁决载有关于交付仲裁范围以外事项之决定"。但是，如果仲裁协议和仲裁请求范围以内的事项的决定，可以与仲裁协议和仲裁请求范围以外的事项的决定分开，则这一部分的仲裁裁决仍然可以予以承认和执行。这也体现了《纽约公约》便利于仲裁裁决执行的理念。

（四）仲裁庭的组成和仲裁程序不当

《纽约公约》第5条第1款（丁）项规定，如果仲裁庭的组成或者仲裁程序与当事人的协议不符，或者在当事人无协议时与仲裁地所在国的法律不符，则请求承认和执行的法院可依被申请人的请求和证明，拒绝承认和执行该裁决。

该条款意味着如果当事人约定了仲裁庭的组成方式，或者对仲裁程序适用的规则有约定，仲裁庭的组成方式和程序就应当符合当事人的约定。如果当事人没有约定，则应当符合仲裁地所在国的法律。在司法实践中，针对该抗辩理由，当事人经常提出的具体理由包括：仲裁庭组成人数不符合约定、仲裁员没有依据当事人约定的规则进行披露、送达程序不符合当事人约定、仲裁庭没有在相应时限内完成相关程序、听证程序中存在瑕疵等。但若当事人选定的仲裁规则与当事人的协议产生冲突，如何处理该冲突，各国做法存在差异。

（五）裁决不具有约束力或已被撤销或停止执行

《纽约公约》第5条第1款（戊）项规定，如果裁决对当事人尚未发生约束力，或者已被裁决作出国或裁决所依据法律的国家的主管机关撤销或停止执行，经被申请人举证证明，可以拒绝承认与执行该仲裁裁决。

但是，裁决在何种情况下可被认为不具有约束力，是一个不尽统一的问题。如意大利法律规定，裁决具有约束力取决于执行官下达的执行令；德国法律规定，在法院备案是使裁决具有约束力的一项先决条件。究竟在何种条件下仲裁裁决为具有约束力的裁决，要依各国法律规定而定。

裁决作出后可能因某种原因被有管辖权的国家的主管机关撤销或停止

执行。如果某一项裁决被裁决作出地国法院撤销或命令停止执行，那么该项裁决无论是在本国还是在外国都不再构成要求当事人履行义务的依据。

但是，在实践中，也有一些国家承认和执行了一项被外国法院撤销的仲裁裁决。理由是撤销仲裁裁决的外国法院的判决违反了承认和执行地国家的公共政策，因此，承认和执行地国法院将不认可该判决的效力，继而承认和执行已被外国法院撤销的仲裁裁决。例如，美国在 Commisa 诉 Pemex 案中，对于一项在墨西哥作出的，被墨西哥上诉法院撤销的国际商会的仲裁裁决，美国法院拒绝承认墨西哥法院的判决，并认可了已被撤销的国际商会仲裁裁决的效力，理由是墨西哥法院通过溯及适用对其国有企业有利的法律违反了美国法院秉持的"正义的基本理念"。[1]

（六）争议事项的不可仲裁性

《纽约公约》第5条第2款（甲）项规定，依据承认和执行地国的法律，争议不能通过仲裁解决的，可拒绝承认和执行外国仲裁裁决。该条款规定的是争议的可仲裁性问题，并且是属于法院依其职权主动审查的范围。

《纽约公约》对"可仲裁性"的含义和标准，即哪些争议可以提交仲裁的问题并无规定，根据《纽约公约》第5条第2款（甲）项的规定，争议是否具有可仲裁性应根据承认和执行地国的法律进行判断，如果该国法律认为争议不能通过仲裁解决，则该争议不具备可仲裁性。至于哪些争议具有可仲裁性，一般均由一国根据其本国公共利益进行考量。根据各国规定和实践，商事争议可以提交仲裁，而行政争议、垄断争议、知识产权效力争议、破产清算程序争议等一般不能仲裁。但是，随着国际商事关系的发展，可仲裁的争议范围正逐渐扩大。同时，在《纽约公约》支持仲裁的政策导向下，缔约国法院通常不会轻易否定争议事项的可仲裁性。

（七）承认与执行外国仲裁裁决有违该国公共政策

《纽约公约》第5条第2款（乙）项规定，被申请承认与执行地国法院认定承认和执行外国仲裁裁决有违反该国公共政策的，可以拒绝承认和执

---

〔1〕　中国国际仲裁30人编著：《1958年〈承认与执行外国仲裁裁决公约〉〈纽约公约〉理论与适用》，法律出版社2020年版，第190页。

行仲裁裁决。同争议事项的不可仲裁性理由一样，以公共政策理由拒绝承认和执行外国仲裁裁决，不需要被申请人负举证责任，而由法院审定。但迄今为止尚无一个能被普遍接受的公共政策的定义。英美法系国家常用"公共政策"一词，而大陆法系国家则习惯用"公共秩序"一词。一般认为，公共政策泛指一国的基本法律制度、社会公共利益、基本道德观念以及国家的根本制度和重大利益等。国际法协会通过的《关于公共政策作为拒绝执行国际商事仲裁裁决的工具的最终报告》规定，公共政策是指一国可能禁止承认或执行国际商事仲裁裁决的所有法律原则和规范，包括：国家希望保护的正义和道德等基本原则；旨在维持一国基本政治、社会或经济利益的规则；对其他国家或者国际组织承担的国际义务，如联合国制裁决议规定的义务。

近年来，随着国际商事仲裁统一趋势的增强，《纽约公约》的缔约国法院普遍放宽了执行外国仲裁裁决的条件，各国法院对公约的公共政策条款一般都给予狭义的解释，不愿轻率地以违反公共政策为由，拒绝承认和执行外国仲裁裁决。

第五节　我国承认和执行外国仲裁裁决的司法实践

一、当事人向中国法院申请承认和执行外国仲裁裁决的法律依据

《民事诉讼法》第 304 条规定了外国仲裁裁决在中国的承认和执行问题。该条规定："在中华人民共和国领域外作出的发生法律效力的仲裁裁决，需要人民法院承认和执行的，当事人可以直接向被执行人住所地或者其财产所在地的中级人民法院申请。被执行人住所地或者其财产不在中华人民共和国领域内的，当事人可以向申请人住所地或者与裁决的纠纷有适当联系的地点的中级人民法院申请。人民法院应当依照中华人民共和国缔结或者参加的国际条约，或者按照互惠原则办理。"根据该规定，实践中应注意以下问题：

第一，外国仲裁裁决需要在中国得到承认和执行的，应当由当事人直

接向法院提出申请。

第二，关于管辖的法院，从地域管辖角度看，应当是被执行人住所地或者其财产所在地的法院，2023年新修正的《民事诉讼法》增加了被执行人住所地或者其财产不在我国领域内的，当事人可以向申请人住所地或者与裁决的纠纷有适当联系的地点的人民法院申请和执行在我国领域外作出的仲裁裁决的规定；从级别管辖角度看，应当是中级人民法院。两个以上法院均有管辖权的，申请人可以择其一提出申请，而没有必要向两个以上法院同时提出申请。有当事人担心被执行人一地的财产不足以满足其债权，而希望分别向被执行人多个财产所在地法院提出申请。根据国际私法理论，外国仲裁裁决一旦得到中国一地法院的承认，即在中国境内具有了执行力，承认该外国仲裁裁决的法院辖区内的财产不足以满足申请人债权的，该法院可以委托其他法院代为执行。因此，申请人没有必要向两个以上的法院申请承认和执行同一份外国仲裁裁决。[1]

第三，我国法院应当根据对中国生效的国际条约的规定办理，或者在没有国际条约的情况下，根据互惠原则办理。《纽约公约》已于1987年4月22日起对中国生效，因此，对于《纽约公约》缔约国的仲裁裁决，中国法院将适用《纽约公约》的规定予以承认和执行。此外，中国签署的双边民商事司法协助条约大多含有相互承认和执行仲裁裁决的内容。虽然法律规定在没有国际条约的情况下可以依据互惠原则承认和执行外国仲裁裁决，但由于《纽约公约》成员国相当广泛，至今中国法院尚无依据互惠原则承认和执行外国仲裁裁决的案例。

第四，2023年修正的《民事诉讼法》第304条规定的"在中华人民共和国领域外作出的发生法律效力的仲裁裁决"，应当理解为外国仲裁机构和临时仲裁庭在外国作出的仲裁裁决，不包括外国仲裁机构在中国境内作出的仲裁裁决。首先，根据《纽约公约》第1条第2款的规定，《纽约公约》下的"仲裁裁决"，"不仅指专案选派之仲裁员所作裁决，亦指当事人提请仲裁之常设仲裁机关所作裁决"。据此，外国临时仲裁裁决可以根据《纽约

---

〔1〕 高晓力："中国法院承认和执行外国仲裁裁决的积极实践"，载《法律适用》2018年第5期。

公约》的规定在中国法院得到承认和执行。《民事诉讼法司法解释》第543条规定："对临时仲裁庭在中华人民共和国领域外作出的仲裁裁决，一方当事人向人民法院申请承认和执行的，人民法院应当依照民事诉讼法第二百九十条规定处理。"其次，对于外国仲裁机构在中国境内作出的仲裁裁决，如前所述，在2020年的布兰特伍德申请承认和执行仲裁裁决案中，我国将外国仲裁机构在中国境内作出的仲裁裁决视为中国的涉外仲裁裁决，因此，此种裁决将适用对我国仲裁裁决承认和执行的程序规定。

第五，根据中国加入《纽约公约》时依公约第1条第3款的规定作出的"商事保留"声明，中国仅对按照中国法律属于契约性和非契约性商事法律关系所引起的争议适用该公约。根据最高人民法院《关于执行我国加入的〈承认及执行外国仲裁裁决公约〉的通知》第2条的规定，所谓"契约性和非契约性商事法律关系"，具体是指由合同、侵权或者根据有关法律规定而产生的经济上的权利义务关系，例如货物买卖、财产租赁、工程承包、加工承揽、技术转让、合资经营、合作经营、勘探开发自然资源、保险、信贷、劳务、代理、咨询服务和海上、民用航空、铁路、公路的客货运输以及产品责任、环境污染、海上事故和所有权争议等，但不包括外国投资者与东道国政府之间的争端。因此，外国仲裁机构或者临时仲裁庭在中国领域外就东道国与投资者之间的投资争端作出的仲裁裁决，尚不能适用《纽约公约》的规定在中国法院寻求承认和执行。

二、中国法院适用《纽约公约》的司法实践

中国自1987加入《纽约公约》后，依据《纽约公约》承认和执行了大量的外国仲裁裁决，在司法实践中体现了《纽约公约》支持仲裁、有利于仲裁的精神。此外，最高人民法院自1995年建立起来的关于承认和执行外国仲裁裁决逐级上报至最高人民法院的"预先报告"制度，使得最高人民法院通过个案批复和制定颁布司法解释逐步统一了全国法院的裁判尺度。本书主要围绕中国法院适用《纽约公约》第5条关于拒绝承认和执行外国仲裁裁决的理由进行介绍。

（一）是否存在有效的仲裁协议

《纽约公约》第5条第1款（甲）项规定，根据当事人选择的法律或者根据仲裁地的法律，仲裁协议无效的，法院可以拒绝承认和执行外国仲裁裁决。我国法院在适用该条规定拒绝承认和执行外国仲裁裁决时，主要涉及以下几个问题：

1. 承认和执行外国仲裁裁决时判断仲裁协议的准据法

我国法院在受理申请承认和执行外国仲裁裁决时涉及对仲裁协议效力进行审查的法律适用问题。如本书前述，我国《仲裁法司法解释》和《涉外民事关系法律适用法司法解释（一）》对仲裁协议效力准据法确定的原则和顺序是：首先适用当事人约定的法律；当事人没有约定时，适用仲裁地法律；没有约定适用的法律也没有约定仲裁地或者仲裁地约定不明时，适用法院地法。但是，需要注意的是，《纽约公约》第5条第1款（甲）项所规定的仲裁协议的法律适用，没有提及法院地法。我国法院在适用《纽约公约》时，应当依据《纽约公约》的规定审查仲裁协议的效力，不得主动适用法院地法。即首先应当适用当事人协议选择的仲裁协议适用的法律，当事人没有选择时，应当根据裁决地法律对仲裁协议的效力作出认定。由于仲裁裁决已经作出，裁决地应当是确定的。

例如，在美国沃斯特—阿尔卑斯（Voest-Alpine）国际贸易公司诉江苏省对外经贸股份有限公司申请承认和执行新加坡国际仲裁中心仲裁裁决案中，南京市中级人民法院经审查认为：本案争议的焦点在于双方当事人之间是否就争议解决达成了有效的仲裁协议，依照《纽约公约》第5条第1款（甲）项的规定以及新加坡为本案所涉仲裁裁决裁决地的事实，判断本案的仲裁协议是否成立应适用新加坡法律进行审查。[1]

又如，在澳大利亚卡斯特尔（Castel）电子有限公司与TCL空调器（中山）有限公司争议案中，双方就争议在澳大利亚和中国法院提出一系列的诉讼和抗辩。在中国，TCL空调器（中山）有限公司（以下简称"TCL公司"）提请中国法院确认仲裁条款无效，以及对澳大利亚临时仲裁庭作出

---

〔1〕　南京市中级人民法院［2008］宁民五初字第43号民事裁定书。

的仲裁裁决提出不予承认和执行的抗辩。在双方签署的合同中约定的仲裁条款为："In case there is any breach of the provisions under this agreement……if not so settled within 60 days such matters will be referred to arbitration in Territory for resolution." TCL 公司曾向广东省中山市中级人民法院申请认定仲裁协议的效力。在该案中，因当事人未约定仲裁协议适用的法律，也未明确仲裁地和仲裁机构，因此中山市中级人民法院适用法院地法即中国法律的规定，于 2011 年 12 月 20 日作出裁定，认定仲裁协议无效。但是，早在 2010 年 12 月 23 日和 2011 年 1 月 27 日，澳大利亚临时仲裁庭就该争议分别作出了"不含仲裁费的终局裁决"和"仲裁费的终局裁决"。在申请人澳大利亚卡斯特尔（Castel）电子有限公司向我国法院申请承认和执行该两项裁决时，TCL 公司提出抗辩的理由之一就是本案仲裁协议无效。最高人民法院在复函中指出：仲裁裁决的作出时间显然早于我国法院裁定的生效时间。况且 TCL 公司在仲裁程序中亦未提出仲裁条款无效的异议，反而向仲裁庭提出了反请求，仲裁庭据此确定仲裁条款效力与管辖权。这是符合仲裁地法律和仲裁规则的，并不存在侵犯我国司法主权的情形。在本案中，外国仲裁裁决和我国法院生效裁定对同一仲裁条款效力的认定虽然存在冲突，但尚不足以构成违反我国公共政策的情形。[1] 在本案中，最高人民法院主要考虑到在拒绝承认和执行外国仲裁裁决的阶段，对仲裁协议效力的认定没有法院地法适用余地，又考虑到中国法院作出认定仲裁协议无效的裁定在仲裁裁决作出之后，因而也不认为该案所涉仲裁裁决构成违反中国公共政策的情形。

2. 当事人不具有签订仲裁协议的行为能力，导致仲裁协议无效，可拒绝承认和执行外国仲裁裁决

《纽约公约》第 5 条第 1 款（甲）项规定承认和执行法院可因"当事人依对其适用之法律有某种无行为能力情形"而拒绝承认和执行外国仲裁裁决。当事人行为能力的欠缺，将直接导致仲裁协议无效。在我国司法实践中，当事人缺乏行为能力主要包括代理人没有代理权、代理权终止等情形。

---

〔1〕 最高人民法院［2013］民四他字第 46 号复函。

例如，在英国嘉能可有限公司申请承认和执行英国伦敦金属交易所仲裁裁决案中，我国最高人民法院在复函中认为：根据《纽约公约》第 5 条第 1 款（甲）项的规定，对合同当事人行为能力的认定，应依照属人主义原则适用我国法律。重庆机械设备进出口公司职员孙某"代表"公司签订合同时，未经授权且公司也未在该合同上加盖印章，缺乏代理关系成立的形式要件，事后重庆机械设备进出口公司对孙某的上述行为明确表示否认。同时，孙某的签约行为也不符合两公司之间以往的习惯做法，不能认定为表见代理。孙某不具代理权，其"代表"公司签订的合同应当认定为无效合同。同理，其"代表"公司签订的仲裁条款亦属无效，其法律后果亦不能及于重庆机械设备进出口公司。本案所涉仲裁裁决，依法应当拒绝承认和执行。[1]

又如，IM 全球有限责任公司申请承认和执行独立电影电视联盟国际仲裁院（Independent Film and Television Alliance International Arbitration Tribunal，IFTA）仲裁裁决案。本案基本案情是：2016 年 5 月 11 日至 22 日戛纳电影节期间，案外人孙某与 IM 全球有限责任公司（以下简称"IM 公司"）协商引进电影事宜。孙某向 IM 公司提供了其名片，该名片正面印制有孙某、总裁、天影恒星（天津）投资股份有限公司等字样，背面印制有图片及 Tianjin North Film、天影集团、天影恒星（天津）投资股份有限公司等字样。2016 年 5 月 15 日，孙某与 IM 公司于法国戛纳签署了交易备忘录。该交易备忘录首部打印的合同双方主体为 IM 公司及 Tianjin North Film Corporation，签署页 Tianjin North Film Corporation 处有孙某的签字，无盖章。该交易备忘录还约定了仲裁条款：交易备忘录项下任何争议均排他性地接受独立电影电视联盟国际仲裁院按照该仲裁院有效的仲裁规则在洛杉矶仲裁。后双方发生争议。IFTA 于 2017 年 4 月 11 日作出仲裁裁决书。其后，IM 公司以北方电影集团为被执行人，向天津市第一中级人民法院申请承认与执行 IFTA 仲裁裁决。被申请人主张其从未与 IM 公司达成任何协议或合意，IFTA 无权对其作出仲裁裁决。对此，IM 公司主张构成表见代理，理由是 IM 公司工作人员在

---

[1] 最高人民法院［2001］民四他字第 2 号复函。

与孙某签订合同前，曾在电影行业数据库 Cinando 查询"孙某"的个人信息，查询结果显示"孙某"系某电影集团的员工。但是，天津市第一中级人民法院并不认可这一观点，理由是：IM 公司主张其产生合理信赖的事由主要有"孙某"的名片及电影行业数据库 Cinando，而这两者均无法认定为某电影集团的"行为和表示"。在重大商业活动中，应审查签约主体的身份及授权文件，以名片来确认对方身份，显然不符合对商事主体的基本认知，无法构成法律规定的合理信赖。IM 公司主张其查询过电影行业数据库 Cinando，但未能提供相关证据证明，也未能详细说明该数据库的相关信息。IM 公司亦未提供其他 IM 公司在与"孙某"签订合同前，查询、了解"孙某"与某电影集团存在关联关系的证据。此外，IM 公司和某电影集团无历史交易记录，故本案也无适用交易习惯的余地。因此，本案中孙某无权代表或代理某电影集团签订涉案仲裁协议，IM 公司和某电影集团之间不存在有效的仲裁协议，某电影集团提出的涉案仲裁裁决符合《纽约公约》第 5 条第 1 款（甲）项规定情形的主张成立，IFTA 仲裁裁决不应得到承认和执行。[1]

3. 当事人没有达成仲裁的合意，可拒绝承认和执行外国仲裁裁决

《纽约公约》第 2 条规定了仲裁协议的形式要件和实质要件。我国法院在承认和执行外国仲裁裁决时，也涉及对仲裁协议的审查。但需要注意的是，即使外国仲裁裁决的作出缺乏符合《纽约公约》第 2 条规定的仲裁协议，人民法院也只能依该公约第 5 条第 1 款（甲）项的规定，作出拒绝承认和执行该仲裁裁决的裁定，而不能依据第 2 条的规定作出拒绝承认和执行的裁定。

例如，新加坡益得满亚洲私人有限公司申请承认和执行英国伦敦可可协会作出的仲裁裁决案。本案基本案情是：新加坡益得满亚州私人有限公司（以下简称"益得满公司"）传真给华新公司"业务的确认"一份，其中含有按英国伦敦可可协会（即 C.A.L）规则的内容。同年 1 月 14 日，华新公司王某清分别在益得满公司 12 日和 13 日发来的传真上签名，其中对 1

---

〔1〕 天津市第一中级人民法院〔2018〕津 01 协外认 2 号民事裁定书。

月 13 日传真中的 FFA 取样分析改为"装船前取样和分析需由新加坡 SGS 进行操作，且 FFA 指标<1.75%"。同日，益得满公司收到传真后对 FFA 事宜答复：将保证装船前抽样试验 FFA 指标水平在 1.75% 左右，但仅能确定这批装船前所取得样品 FFA 指标水平。1 月 15 日，益得满公司寄给华新公司已单方签字的关于两份合同的正式文本，华新公司于 18 日收到后未签字即退回益得满公司。其后双方又在 FFA 水平和 SGS 检测机构以及付款条件及价格等问题上不断进行多次商谈，但未能取得一致意见。益得满公司遂向 C. A. L 提起仲裁。C. A. L 作出裁决后，益得满公司向中国法院申请承认和执行该仲裁裁决。在该案中，最高人民法院认为："仲裁条款或者仲裁协议独立生效的前提，是有关当事人就通过仲裁解决争议达成合意。本案中，根据新加坡益得满亚州私人有限公司与无锡华新可可食品有限公司之间的来往传真，双方当事人之间未就购买可可豆事宜产生的争议达成通过仲裁解决的合意。英国伦敦可可协会以新加坡益得满亚洲私人有限公司单方拟定的仲裁条款仲裁有关纠纷缺乏事实和法律依据。依照《中华人民共和国民事诉讼法》第 269 条及我国参加的《承认及执行外国仲裁裁决公约》的有关规定，我国人民法院应拒绝承认与执行本案仲裁裁决。"[1]

又如，在艾伦宝棉花公司申请承认和执行国际棉花协会仲裁裁决案中，最高人民法院认为：在没有证据证明当事人之间就案涉棉花购销协议产生的纠纷交付仲裁达成合意的情况下，国际棉花协会根据单方申请受理案件并作出仲裁裁决缺乏依据，可以依据《纽约公约》的规定拒绝承认和执行该仲裁裁决。[2]

从上述案件可以看出，我国司法实践中体现出来的裁判原则是坚持以当事人通过签署或者互换方式形成的书面仲裁合意作为判断仲裁协议成立的标准。同时，在《仲裁法司法解释》中，也认可在仲裁程序中有限度的默示推定，即当事人在仲裁庭首次开庭前没有对仲裁协议的效力提出异议的，其后不能再向法院申请确认仲裁协议无效，也不能在仲裁裁决作出后

---

〔1〕　最高人民法院〔2001〕民四他字第 43 号复函。
〔2〕　最高人民法院〔2014〕民四他字第 32 号复函。

以仲裁协议无效为由主张撤销仲裁裁决或者提出不予执行的抗辩。[1]

（二）是否违反正当程序

《纽约公约》第 5 条第 1 款（乙）项规定，作为裁决执行对象的当事人未曾给予有关指定仲裁员或者进行仲裁程序的适当通知，或者作为裁决执行对象的当事人由于其他情况未能提出申辩，则被请求承认和执行裁决的主管机关可以拒绝承认和执行该项仲裁裁决。但是，何为"适当通知"，《纽约公约》并未特别明确。我国司法实践中一贯按照《纽约公约》及其精神从严解释。具体需要注意以下几点：

1. 关于"适当性"的判定标准

关于"适当性"的判定应当以仲裁机构的仲裁规则和《纽约公约》为准，不应当套用民事诉讼法中关于送达方式的规定，也不能适用双边司法协助条约中规定的司法协助的方式，后者仅适用于两国司法机关进行司法协助的情形，不适用于仲裁机构或者仲裁庭在仲裁程序中的送达。因此，仲裁中的送达方式即使不符合双边司法协助条约中的规定，只要符合仲裁规则的规定，即不违反正当程序。

例如，在韩国（株）TS 海码路公司申请承认和执行大韩商事仲裁院裁决案中，被执行人大庆派派思食品有限公司提出抗辩："（1）……根据《中华人民共和国和大韩民国关于民事和商事司法协助的条约》第四条，司法协助应当通过各自指定的中央机关直接进行联系，在中华人民共和国为司法部，在大韩民国为法院行政处。而大韩商事仲裁院在仲裁该案时，未按照条约规定方式向派派思送达仲裁开庭通知书和仲裁裁决书等，而是直接邮寄给了派派思，并且又违反该条约第 8 条关于使用文字的规定，未附有中文译本。因被申请人不懂韩文，并不知道是仲裁院的通知，未予以重视，也就未能按时参加开庭，丧失了陈述理由的机会。（2）因大韩商事仲裁院违反了送达程序和使用文字的规定，未能以适当方式通知派派思，故根据《纽约公约》第 5 条之规定，对该裁决应拒绝承认和执行。"最高人民法院在复函中认定："由于双方当事人在开发协议和连锁协议中明确约定'仲裁

---

〔1〕《仲裁法司法解释》第 13 条和第 27 条。

适用《大韩商事仲裁院仲裁规则》'，而本案仲裁庭按照该仲裁规则的规定通过邮寄方式向大庆派派思食品有限公司送达了开庭通知书和仲裁裁决书，也有证据证明大庆派派思食品有限公司收到了上述开庭通知书和仲裁裁决书。虽然仲裁庭在送达开庭通知书和仲裁裁决书时未附中文译本，但通过邮寄方式送达以及未附中文译本的做法并不违反韩国仲裁法和《大韩商事仲裁院仲裁规则》的规定。《中华人民共和国和大韩民国关于民事和商事司法协助的条约》中有关'司法协助的联系途径'和'文字'的规定，仅适用于两国司法机关进行司法协助的情形，不适用于仲裁机构或者仲裁庭在仲裁程序中的送达。大庆派派思食品有限公司没有举证证明本案仲裁裁决存在我国参加的《1958 年承认执行外国仲裁裁决公约》第 5 条第 1 款规定的情形，本案仲裁裁决依法应予承认和执行。"〔1〕

2. 被执行人应承担举证责任

被执行人应提供充分的证据证明仲裁庭的通知程序未满足《纽约公约》第 5 条第 1 款（乙）项中"适当通知"的要求并因而导致其"未能申辩"，法院才可以拒绝承认和执行外国仲裁裁决。如果是由于被执行人自身原因导致其没有收到仲裁通知，则不属于仲裁庭未适当通知的情形。

例如，在博而通株式会社申请承认和执行大韩商事仲裁院仲裁裁决案中，最高人民法院在复函中认定：仲裁庭以邮寄方式向被申请人的工商注册地址发送开庭通知和仲裁裁决书，仲裁程序中的送达应依照仲裁规则确定送达是否适当。被申请人不能证明邮寄送达违反有关仲裁规则。被申请人地址变更后未给予通知，由此导致其未及时收到邮件，不属于《纽约公约》第 5 条第 1 款（乙）项规定的情形。因此，不应依照《纽约公约》第 5 条第 1 款（乙）项的规定拒绝承认和执行上述仲裁裁决。〔2〕

又如，在德国舒乐达公司申请承认和执行德国汉堡交易所商品协会仲裁裁决案中，被申请人丹东君澳食品有限公司提出的抗辩理由之一就是其未收到相关的仲裁手续。最高人民法院在复函中指出：仲裁庭曾以挂号信

〔1〕　最高人民法院［2005］民四他字第 46 号复函。
〔2〕　最高人民法院［2006］民四他字第 36 号复函。

的方式向丹东君澳食品有限公司邮寄仲裁员的任命、诉状、传讯等文件，根据德国邮政股份公司出具的证明，邮件已经投递至合法接收人，丹东君澳食品有限公司仅声称其未收到寄送的材料，但未举出充分的证据证明仲裁庭的通知程序未满足《纽约公约》第 5 条第 1 款（乙）项中适当通知的要求并因而导致其未能申辩。因此，该案所涉仲裁裁决不构成该条规定的情形，不能以此拒绝承认和执行所涉仲裁裁决。[1]

3. 仲裁庭采用电子方式送达时，其作出的仲裁裁决在我国承认和执行面临一定的风险

我国法院一般要求申请人提供被申请人确认收到电子邮件或者能够证明被申请人收到电子邮件的其他证据，证明被申请人得到指定仲裁员和仲裁程序的适当通知。如果申请人不能举证证明邮件已送达被申请人邮箱，则有可能承担不利后果。

例如，在世界海运管理公司申请承认和执行外国仲裁裁决案中，最高人民法院在复函中认定：根据《1996 年英国仲裁法》第 14 条第（4）款的规定，如果仲裁员需由当事人指定，仲裁程序以及指定仲裁员的通知可以由一方当事人向对方当事人送达。该法第 76 条规定，当事人可以通过仲裁协议对送达的方式进行约定；没有约定的，通知或者其他文件可以任何有效的方式送达个人。在仲裁过程中，涉案申请人根据《1996 年英国仲裁法》的规定，通过案外人采用电子邮件方式向被申请人送达，该送达方式并非我国所禁止，在申请人能够证明被申请人已收悉送达通知的情况下，该送达应为有效送达。但申请人未能提供被申请人确认收到电子邮件或者能够证明被申请人收到电子邮件的其他证据，证明被申请人得到指定仲裁员和仲裁程序的适当通知。根据《纽约公约》第 5 条第 1 款（乙）项的规定，天津海事法院应对该仲裁裁决不予承认和执行。[2]

（三）仲裁裁决是否超裁

如前所述，在处理超裁问题上，《纽约公约》第 5 条第 1 款（丙）项规

---

〔1〕 最高人民法院［2004］民四他字第 31 号复函。
〔2〕 最高人民法院［2006］民四他字第 34 号复函。

定了仲裁裁决超出仲裁协议范围和仲裁裁决超出仲裁请求范围两种情况。2018 年最高人民法院《关于人民法院办理仲裁裁决执行案件若干问题的规定》规定了"裁决的事项不属于仲裁协议的范围或者仲裁机构无权仲裁的"情形包括"裁决的事项超出仲裁协议约定的范围"和"裁决内容超出当事人仲裁请求的范围"。[1] 关于裁决可分性问题,2022 年最高人民法院《民事诉讼法司法解释》第 475 条规定:"仲裁机构裁决的事项,部分有民事诉讼法第二百四十四条第二款、第三款规定情形的,人民法院应当裁定对该部分不予执行。应当不予执行部分与其他部分不可分的,人民法院应当裁定不予执行仲裁裁决。"

例如,在美国 TH&T 国际公司申请承认和执行国际商会仲裁裁决案中,申请人美国 TH&T 国际公司(以下简称"TH&T 公司")与被申请人成都华龙汽车配件有限公司(以下简称"华龙公司")签订的仲裁条款约定:"双方因生产方面产生的争端,由中国国际经济贸易仲裁委员会下的仲裁委员会在北京仲裁解决;因市场销售、货款支付等问题产生的商务争议,根据国际商会的调解和仲裁规则在洛杉矶进行仲裁。"在合同履行过程中,TH&T 公司认为,华龙公司违反合同,除了向 TH&T 公司提供不合格产品,还将 TH&T 公司开发的产品交给第三者在北美地区进行销售。华龙公司的行为已严重违约,并造成 TH&T 公司的经济损失。TH&T 公司向国际商会国际仲裁院提起仲裁请求。国际商会国际仲裁院于 2002 年作出仲裁裁决。华龙公司应赔偿 TH&T 公司损失和费用。2002 年,TH&T 公司向四川省成都市中级人民法院提出执行仲裁裁决的申请。在执行程序中,被申请人华龙公司提出《纽约公约》第 5 条第 1 款(丙)项抗辩。华龙公司认为,有瑕疵的产品属于生产方面的争议,该争议应由中国贸易委员会下的仲裁委员会在北京仲裁。国际商会国际仲裁院对双方争议事项中关于有瑕疵的货品处理问题没有管辖权,其作出的裁决属越权裁判,该裁决构成《纽约公约》第 5 条第 1 款(丙)项之拒绝承认和执行仲裁裁决的情形。TH&T 公司则认为,该争议属于销售和货款支付的问题,国际商会国际仲裁院有权仲裁。

---

[1] 2018 年最高人民法院《关于人民法院办理仲裁裁决执行案件若干问题的规定》第 13 条。

四川省成都市中级人民法院经审理认为：首先，应以双方签订的合同、协议确定"生产"的特定含义。合同协议的第二章专门就"生产与销售"问题进行了约定。其对生产的约定为："华龙公司在协议所规定的产品范围内进行独家生产，并有能力扩大生产所列产品的能力。"可见，双方对生产的约定是指独家生产权。其次，从生产本身的词义理解，是指制造。而华龙公司已将有瑕疵的产品销售给了 TH&T 公司，该批产品已进入销售领域。同时国际商会仲裁院仲裁的是华龙公司是否向 TH&T 公司销售了有瑕疵的产品及相关退货或退款等问题。故双方对有瑕疵的产品争议问题不属于生产方面的争端，而属于因市场销售而产生的商务争议。最后，双方在合同协议中约定因市场销售、货款支付等问题产生的商务争议，根据国际商会的调解和仲裁规则在洛杉矶进行仲裁，因此国际商会仲裁院对该争议事项具有管辖权。被申请人提出的不予承认和执行的事项并不构成《纽约公约》第5条所规定的拒绝承认及执行的情形。[1] 在该案中，当事人约定将不同的争议事项交由不同的仲裁机构仲裁，在争议发生后，将争议进行分类以确定哪个仲裁机构有权仲裁，而仲裁机构对争议是否有管辖权也将直接决定仲裁裁决是否超裁。四川省成都市中级人民法院在本案中对合同争议进行准确定性，认定双方争议属于销售争议，而非生产争议，国际商会国际仲裁院有权仲裁，本案不存在超裁情形，裁定承认和执行国际商会国际仲裁院裁决。

仲裁协议通常不约束当事人，当仲裁裁决涉及第三人时，第三人可依据《纽约公约》第5条第1款（甲）项或（丙）项进行抗辩。例如，在美国 GMI 公司申请承认和执行英国伦敦金属交易所作出的仲裁裁决案中，最高人民法院在复函中认为：本案仲裁庭根据美国 GMI 公司与芜湖冶炼厂签订的买卖合同中的仲裁条款受理案件，就仲裁范围而言，仲裁庭只能对美国 GMI 公司与芜湖冶炼厂之间的买卖合同纠纷作出裁决，但其却根据美国 GMI 公司的申请，将与美国 GMI 公司之间没有仲裁协议的芜湖恒鑫铜业集团有限公司列为仲裁被申请人，并对美国 GMI 公司与芜湖冶炼厂、芜湖恒鑫铜业集团有限公司三方之间的纠纷作出了裁决，显然超出了仲裁协议的

---

[1] 四川省成都市中级人民法院［2002］成民初字第531号民事裁定书。

范围，应当根据《纽约公约》第 5 条第 1 款（丙）项的规定拒绝承认和执行所涉仲裁裁决。[1]在复函中，最高人民法院同时指出，如果仲裁庭有权仲裁部分与超裁部分是可以区分的，对仲裁庭有权裁决的部分应当予以承认和执行。对于仲裁庭有权裁决部分和超裁部分无法区分的，对于无法区分部分的裁决不应予以承认和执行。

在仲裁实践中，当事人往往依据合资合同中的仲裁条款提起仲裁。但需要注意的是，合资合同中的仲裁条款只约束股东，不约束合资公司，因为合资公司不是该仲裁协议的当事人。仲裁庭在审理合资公司股东之间的争议时，裁决不能涉及股东与合资公司之间的争议。否则，该裁决往往构成超裁，从而面临裁决被撤销或不予承认和执行的风险。

（四）仲裁程序和仲裁庭组成是否存在瑕疵

《纽约公约》第 5 条第 1 款（丁）项规定，如果仲裁庭的组成或者仲裁程序与当事人的协议不符，或者在当事人无协议时与仲裁地所在国的法律不符，则请求承认和执行的法院可依被申请人的请求和证明，拒绝承认和执行该裁决。在实践中，被执行人经常依据《纽约公约》第 5 条第 1 款（丁）项规定提出不予承认和执行仲裁裁决的抗辩，但我国法院一般均秉持支持仲裁、有利于仲裁裁决承认和执行的理念，对该项进行审查。

例如，在丸万株式会社申请承认和执行日本商事仲裁协会仲裁裁决案中，被申请人北京德霖高尔夫体育发展有限公司提出不予承认和执行仲裁裁决的抗辩理由包括：第一，仲裁庭组成存在问题。仲裁庭名义上由 3 人组成，但其选定的中国籍仲裁员被排除就法律适用问题发表意见，而首席仲裁员以自己不具有日本律师执业资格为由放弃对日本法律的适用问题发表意见，且该首席仲裁员在日本生活多年，其思维方式及行为模式已融入日本社会，难以实现本案仲裁规则要求首席仲裁员来自第三国的真正目的。因此，本案实质上是由丸万株式会社指定的日本籍仲裁员一人组成。此外，丸万株式会社指定的仲裁员故意不披露其与丸万株式会社的关联关系。第二，仲裁程序存在问题。本案仲裁庭在审理终结后重开审理的时间节点违

---

[1]　最高人民法院［2003］民四他字第 12 号复函。

反本案仲裁规则要求仲裁程序在审理终结之日起 3 周之后不可以重开审理的规定，并最终拖延作出仲裁裁决。对于上述抗辩理由，北京市第二中级人民法院认为：就仲裁庭组成问题和仲裁员披露问题，只需审查仲裁庭的组成和仲裁员的披露是否与仲裁规则相符。本案仲裁庭事实上由 3 名仲裁员组成，符合仲裁规则的规定。此外，丸万株式会社选定的仲裁员签署了中立性及独立性声明，该等行为已能表明该仲裁员不存在可能对中立性及独立性产生正当性怀疑的任何情形，符合仲裁规则规定。关于仲裁程序是否违反仲裁规则的问题，法院认为，仲裁庭已通过致函双方当事人要求双方就被申请人主张发表意见的方式作出了符合仲裁规则的重开审理决定，对于重开设立的期限问题，仲裁规则仅为原则性规定而非禁止性规定，仲裁庭最终作出裁决的期限符合仲裁规则的规定。[1] 在该案中，法院最终承认和执行了涉案仲裁裁决。

在仲裁实践中，如果仲裁庭的组成与当事人约定不符，我国法院可拒绝承认和执行该仲裁裁决。例如，在马绍尔群岛第一投资公司申请承认和执行英国伦敦临时仲裁庭仲裁裁决案中，当事人约定由 3 名仲裁员组成仲裁庭。但在仲裁过程中，一名仲裁员由于涉嫌犯罪被刑事拘留，并未参与仲裁的全过程。最高人民法院在复函中认为：该案仲裁庭虽然由 3 名仲裁员组成，但是其中一名仲裁员王某并未参与仲裁的全过程，没有参与最终仲裁裁决的全部审议。因此，仲裁庭的组成或仲裁程序与当事人之间仲裁协议的约定不符，也与仲裁地英国的法律相违背，应裁定不予承认和执行涉案仲裁裁决。[2]

关于仲裁庭的组成，在当事人约定与仲裁规则发生冲突时，我国法院的做法是优先适用当事人约定。

例如，来宝资源国际私人有限公司申请承认和执行新加坡国际仲裁中心仲裁裁决案。本案基本案情是：2014 年 10 月 29 日，来宝资源国际私人有限公司（以下简称"来宝公司"）与上海信泰国际贸易有限公司（以下

---

〔1〕 北京市第二中级人民法院〔2013〕二中民特字第 12593 号民事裁定书。
〔2〕 最高人民法院〔2007〕民四他字第 35 号复函。

简称"信泰公司"）签订的仲裁条款约定，因协议引起的或与其有关的任何争议应根据当时有效的《新加坡国际仲裁中心仲裁规则》（以下简称《仲裁规则》）提交新加坡仲裁，仲裁庭由3名仲裁员组成。在合同履行过程中，双方发生争议。来宝公司依据仲裁条款向新加坡国际仲裁中心提起仲裁，并申请按照《仲裁规则》适用快速程序。2015年2月17日，新加坡国际仲裁中心批准来宝公司申请，决定对该案根据快速程序由独任仲裁员仲裁。信泰公司对此提出反对，坚持按照仲裁条款组建3人仲裁庭。2015年4月20日，新加坡国际仲裁中心指定独任仲裁员审理该案，信泰公司拒绝参与仲裁。2015年8月26日，仲裁庭作出缺席裁决，认定信泰公司违反《买卖合同》并判令其承担赔偿责任。2016年2月3日，来宝公司向上海市第一中级人民法院申请承认和执行仲裁裁决。信泰公司依据《纽约公约》以及我国《民事诉讼法》相关规定，请求驳回来宝公司的申请。最高人民法院在复函中认为：新加坡国际仲裁中心根据来宝公司的书面申请适用"快速程序"进行仲裁，符合《仲裁规则》的规定。但根据《仲裁规则》第5条第2款的规定，《仲裁规则》并未排除"快速程序"中适用其他的仲裁庭组成方式，《仲裁规则》亦没有规定在当事人已约定适用其他的仲裁庭组成方式时，新加坡国际仲裁中心的主席仍然有权强制适用第5条第2款第2项独任仲裁的规定。由于本案双方当事人已在仲裁条款中明确约定应由三名仲裁员组成仲裁庭，且未排除该组成方式在仲裁"快速程序"中的适用。因此，适用"快速程序"进行仲裁不影响当事人依据仲裁条款获得三名仲裁员组庭进行仲裁的基本程序权利。新加坡国际仲裁中心在仲裁条款约定仲裁庭由三名仲裁员组成且信泰公司明确反对独任仲裁的情况下，仍然决定采取独任仲裁员的组庭方式，构成《纽约公约》第5条第1款（丁）项规定的"仲裁机关之组成或仲裁程序与各造间之协议不符"的情形。因此，应拒绝承认和执行该案所涉仲裁裁决。[1]

（五）仲裁裁决是否具有终局性

《纽约公约》第5条第1款（戊）项规定，如果裁决对当事人尚未发生

---

[1]　最高人民法院［2017］最高法民他50号复函。

约束力，或者已被裁决作出国或裁决所依据法律的国家的主管机关撤销或停止执行，经被申请人举证证明，可以拒绝承认与执行该外国裁决。在司法实践中，当事人提出的仲裁裁决不具有约束力的抗辩理由，很少会得到我国法院的支持。

例如，在埃康农工有限公司申请承认和执行国际棉花协会仲裁裁决案中，被执行人深圳市国泰华投资有限公司提出抗辩的理由之一是，仲裁裁决的形式不符合《国际棉花协会有限公司章程与规则》的规定，该裁决并未生效，且没有通过正当程序向被执行人送达，因此，该裁决对深圳市国泰华投资有限公司不具有约束力。深圳市中级人民法院经审查认为：关于裁决书的效力，应依据裁决作出地法律英国法以及案件适用的仲裁规则进行认定。根据英国仲裁法的规定，裁决书应以书面形式作出，并由所有仲裁员或所有同意该裁决的仲裁员在裁决书上签名。依据仲裁协议作出的裁决系终局的。根据《国际棉花协会有限公司章程与规则》规定，裁决书盖章后方生效并具有约束力。该案裁决书已盖章，仲裁员已签字，已发生法律效力，对当事人具有约束力，不具有《纽约公司》第5条第1款（戊）项规定的不予承认和执行的情形。故裁定承认和执行国际棉花协会作出的仲裁裁决。[1]

此外，在仲裁实践中，关于已经被撤销的仲裁裁决的承认和执行问题，仲裁实务界曾经热议法国法院承认和执行已经被仲裁地国法院撤销的仲裁裁决的案例，但目前中国法院尚未受理当事人依据《纽约公约》第5条第1款（戊）项的规定要求拒绝承认和执行外国仲裁裁决的案例，目前的司法实践中尚未依据该项理由拒绝承认和执行外国仲裁裁决。

（六）仲裁事项是否违反可仲裁性

《纽约公约》第5条第2款（甲）项规定，依据承认和执行地国的法律，争议不能通过仲裁解决的，可拒绝承认和执行外国仲裁裁决。我国《仲裁法》第2条规定："平等主体的公民、法人和其他组织之间发生的合同纠纷和其他财产权益纠纷，可以仲裁。"第3条规定："下列纠纷不能仲

---

[1] 广东省深圳市中级人民法院［2014］深中法涉外初字第60号民事裁定书。

裁：（一）婚姻、收养、监护、扶养、继承纠纷；（二）依法应当由行政机关处理的行政争议。"

例如，在 ED&F 曼氏（香港）有限公司申请承认和执行伦敦糖业协会仲裁裁决案中，被申请人中国糖业酒类集团公司抗辩称，当事人之间的合同为具有欺诈性的期货交易性质的违法合同，排除在我国法律认可的期货交易合同关系之外，因而不属于我国法律认可的契约性或非契约性商事关系。北京市高级人民法院经审查认为，我国法律并没有非法期货合同不属于契约性和非契约性商事法律关系的规定，被申请人关于可仲裁性的抗辩理由不能成立。最高人民法院最终也同意北京市高级人民法院的审查意见，认为双方当事人因履行期货交易合同产生的纠纷，在性质上属于因契约性商事法律关系产生的纠纷，依照我国法律可以提请仲裁解决。〔1〕

据笔者检索，截至目前为止，我国法院以《纽约公约》第 5 条第 2 款（甲）项为由拒绝承认和执行外国仲裁裁决的案件仅有一例。最高人民法院在《关于不予承认和执行蒙古国家仲裁庭仲裁裁决的请示的复函》中指出：本案纠纷是因仲裁申请人吴某英作为其亡夫的法定继承人，依据涉案合同中的仲裁条款向蒙古国仲裁庭主张其合同权利而产生的。若涉案仲裁裁决不涉及继承事项，可予承认和执行；但涉案仲裁裁决的主要内容是确认吴某英的法定继承人地位以及因该地位而应获得的投资财产权，并未就公司的继续经营及撤销等商事纠纷作出处理。《仲裁法》第 3 条规定，继承纠纷不能仲裁，因此，根据《纽约公约》第 5 条第 2 款（甲）项的规定，不予承认和执行该仲裁裁决。〔2〕

（七）仲裁裁决是否违反公共政策

1. 我国法院对公共政策严格适用

《纽约公约》第 5 条第 2 款（乙）项将公共政策条款作为拒绝承认和执行外国仲裁裁决的理由之一，并授权各国法院根据本国实际情况对公共政策条款在具体案件中进行解释。从各国的司法实践看，各国法院对公共政

---

〔1〕 最高人民法院［2003］民四他字第 3 号复函。
〔2〕 最高人民法院［2009］民四他字第 33 号复函。

策条款均持慎用态度，中国法院亦是如此。我国法院对公共政策的适用十分谨慎，仅在承认和执行外国仲裁裁决将违反我国法律基本原则、侵犯我国国家主权、危害我国国家及社会公共安全、违反善良风俗等危及我国根本社会公共利益的情形下，才援引公共政策事由拒绝承认和执行外国仲裁裁决。案件如存在其他的拒绝承认和执行情形，不宜再适用公共政策理由拒绝承认涉案仲裁裁决。正如我国最高人民法院原副院长万鄂湘所言："应当把违反本国公共政策这种拒绝事由视为例外情形而非当然情形，仅发挥安全阀功能，作为最后的考虑。"[1]

截至目前，虽然诸多案件中当事人均提出了违反中国公共政策的抗辩理由，但绝大多数未获得中国法院的支持。中国法院仅在极少数的案件中适用公共政策理由拒绝承认和执行外国仲裁裁决。永宁公司案是中国法院运用公共政策拒绝承认和执行外国仲裁裁决的第一个案件。随后，在浩普公司案中，中国法院运用公共政策拒绝承认和执行国际商会国际仲裁院在香港特别行政区作出的仲裁裁决。

永宁公司案的基本案情是：1995年12月22日，海慕法姆公司（Hemo-farm DD）、玛格（MAG）国际贸易公司、苏拉么媒体有限公司与济南永宁制药股份有限公司（以下简称"永宁公司"）签订了一份合资合同，共同成立济南海慕法姆公司。合同约定，凡因执行合同所发生的或与合同有关的一切争议，应提交国际商会国际仲裁院进行仲裁。后永宁公司以其与济南海慕法姆公司之间产生的租赁纠纷为由提起诉讼，法院判决永宁公司胜诉。在诉讼中，法院依据永宁公司的财产保全申请，对济南海慕法姆公司采取财产保全措施。2005年7月，海慕法姆公司、玛格国际贸易公司、苏拉么媒体有限公司以合资企业经营过程中与永宁公司有分歧及永宁公司对济南海慕法姆公司提起诉讼并采取财产保全措施导致合资公司无法维持，永宁公司违反合资合同为由，向国际商会国际仲裁院申请仲裁。国际商会国际仲裁院认为永宁公司在诉讼中从中国法院获得了财产保全裁定，财产

---

[1] 万鄂湘、夏晓红："中国法院不予承认及执行某些外国仲裁裁决的原因——《纽约公约》相关案例分析"，载《武大国际法评论》2010年第2期。

保全裁定的执行对三申请人在合资合同项下的权利和利益造成了直接的、实质的和不利的影响，最终导致了合资公司中止运营及关闭，由于财产保全措施，永宁公司构成了对合资公司的违反，三申请人有权依据合资合同中仲裁条款的约定将其向永宁公司主张的损害赔偿提交国际商会国际仲裁院仲裁；永宁公司提起的租赁权诉讼是对合资合同的违反，因为该争议应按合资合同的仲裁约定，提交国际商会国际仲裁院仲裁解决。最终国际商会国际仲裁院作出仲裁裁决。因永宁公司未履行该仲裁裁决，海慕法姆公司、玛格国际贸易公司、苏拉么媒体有限公司向中国法院申请承认和执行国际商会国际仲裁院的仲裁裁决。在本案中，最高人民法院在复函中认为，海慕法姆公司、玛格国际贸易公司、苏拉么媒体有限公司与永宁公司在合资合同中约定的仲裁条款仅约束合资合同当事人就合资事项发生的争议，不能约束永宁公司与合资公司之间的租赁合同纠纷。国际商会国际仲裁院在仲裁合资合同纠纷案件中，对永宁公司与合资公司之间的租赁合同纠纷进行了审理和裁决，超出了合资合同约定的仲裁协议的范围。在中国有关法院就永宁公司与合资公司之间的租赁合同纠纷裁定对合资公司的财产进行保全并作出判决的情况下，国际商会国际仲裁院再对永宁公司与合资公司之间的租赁合同纠纷进行审理并裁决，侵犯了中国的司法主权和中国法院的司法管辖权。因此，依据《纽约公约》第5条第1款（丙）项和第2款（乙）项之规定，应拒绝承认和执行该案所涉仲裁裁决。[1]

在浩普公司案中，最高人民法院在复函中认为：江苏省高级人民法院在审理 WICOR HOLDING AG（瑞士魏克控股有限公司）中外合资经营企业与泰州浩普投资有限公司就同一合资合同项下的另一纠纷时，已作出民事裁定，认定涉案仲裁条款无效，该裁定已经发生法律效力。而涉案仲裁裁决是仲裁员在认定涉案仲裁条款有效的前提下作出的，在内地执行该仲裁裁决将与人民法院的上述生效裁定相冲突，违反内地社会公共利益。[2]

虽然上述两案均涉及仲裁裁决内容与我国法院生效裁判互相冲突的情

---

[1]　最高人民法院［2008］民四他字第11号复函。
[2]　最高人民法院［2016］民四他字第8号复函。

形，但仲裁裁决与我国生效裁判不一致，并不必然构成对公共政策的违反，还取决于裁决作出时间是否早于我国相关生效裁判作出时间。例如，在前述澳大利亚卡斯特尔（Castel）电子有限公司与 TCL 空调器（中山）有限公司争议案中，最高人民法院在复函中指出：涉案仲裁裁决系于 2010 年 12 月 23 日和 2011 年 1 月 27 日作出，而我国法院关于仲裁条款无效的裁定系于 2011 年 12 月 20 日作出，仲裁裁决的作出时间显然早于我国法院裁定的生效时间。在本案中，外国仲裁裁决和我国法院生效裁定对同一仲裁条款效力的认定虽然存在冲突，但尚不足以构成违反我国公共政策的情形。[1]

2. 最高人民法院认定不构成违反公共政策的几种情形

在实践中，我国法院对以下情形，认定为不构成对我国公共政策的违反。

（1）违反我国法律的强制性规定并不等同于违反公共政策。

最高人民法院在多个承认和执行外国仲裁裁决案件的复函中均强调，违反我国法律的强制性规定并不等同于违反公共政策。从已有案例看，仲裁裁决即便涉及违反我国强制性法律法规的情形，也不必然构成对公共政策的违反。

例如，在 ED&F 曼氏（香港）有限公司申请承认和执行伦敦糖业协会仲裁裁决案的复函中，最高人民法院指出，依照我国法律规定，我国境内企业未经批准不得擅自从事境外期货交易，中国糖业集团未经批准擅自从事境外期货交易的行为依照我国法律无疑应认定为无效，但是违反我国强制性法律规定不能完全等同于违反我国的公共政策；[2]在日本三井物产株式会社申请承认和执行瑞典斯德哥尔摩商会仲裁院裁决案中，最高人民法院在复函中认为，违反有关外债批准及登记的法律规定和外汇管理政策的行为不构成对公共政策的违反；[3]在天瑞酒店投资有限公司申请承认和执行伦敦国际仲裁院仲裁裁决案中，最高人民法院在复函中认为，违反外资

---

[1] 最高人民法院［2014］民四他字第 46 号复函。

[2] 最高人民法院［2003］民四他字第 3 号复函。

[3] 最高人民法院［2001］民四他字第 12 号复函。

准入的备案制度的行为不构成对公共政策的违反;[1]以及在福建纵横高速信息技术有限公司、福建分众传媒有限公司等与史带开曼投资公司申请不予执行仲裁裁决案中,我国法院认为,涉及"VIE"结构安排和"对赌协议"且违反国务院和相关部委关于外商投资电信企业相关规定的行为不构成对公共政策的违反。[2]

(2)仲裁结果显失公平并不等同于违反公共政策。

在司法实践中,我国法院在多个案件中认定,仲裁结果显失公平并不等于违反我国的公共政策。

例如,在GRDMinproc有限公司申请承认并执行瑞典斯德哥尔摩商会仲裁院仲裁裁决案中,被申请人上海飞轮公司提出抗辩的理由之一是,仲裁裁决与我国公共秩序相抵触,即系争设备在投产运行时产生的铅尘浓度超标,污染环境及损害工人健康。上海市第一中级人民法院拟拒绝承认和执行瑞典斯德哥尔摩商会仲裁院仲裁裁决,理由是:我国《劳动法》规定劳动者有获得劳动安全卫生保护的权利。承认并执行仲裁院的仲裁裁决,意味着系争设备可以正常运行,但正常运行时产生的铅尘浓度严重超过我国卫生部(现为国家卫生健康委员会)制定的标准。如果上海飞轮公司选择不使用系争设备,虽可以避免违反我国劳动安全的规定,但巨额货款已经支付,上海飞轮公司购买了设备却不能使用,其权利义务将严重失衡。这不符合我国《民法通则》第4条(现为《民法典》第6条)规定的公平原则。据此,承认并执行仲裁院的仲裁裁决,违反我国法律的基本原则,与我国社会公共利益相抵触。故不予承认和执行仲裁庭的仲裁裁决。上海市高级人民法院也认为,仲裁院仅仅简单按照合同形式条款来判定卖方提供的设备没有构成违约,这一做法有悖公平正义的仲裁精神,并且客观上造成不利于我国社会公共利益的后果,拟不予承认和执行仲裁裁决。但是,该意见上报至最高人民法院,最高人民法院并不同意上海市两级法院的观点,其在复函中认为,设备在安装调试和运转过程中造成环境污染,原因

---

[1] 最高人民法院〔2010〕民四他字第18号复函。

[2] 福建省福州市中级人民法院〔2014〕榕执监字第51号执行裁定书。

可能是多方面的。仲裁庭对设备质量作出评判，这是仲裁庭的权力，也是当事人通过仲裁解决纠纷所应当承受的结果，不能以仲裁实体结果是否公平合理作为认定承认和执行裁决是否违反我国公共政策的标准。承认和执行该裁决并不构成对我国社会根本利益、法律基本原则或者善良风俗的违反。法院应当承认和执行本案所涉仲裁裁决。[1]

最高人民法院在另一类似案件中也表达了同样的观点。在韦斯顿瓦克公司申请承认与执行英国仲裁裁决案中，天津市高级人民法院认为，案涉《航次租船包运合同》并未约定违约责任和违约损失，且中钢天铁公司已将所有实际产生的运费全部结清。但仲裁庭却将申请人所有预期产生的利润作为申请人的损失，并在计算预期利润时，以船舶满载为假设前提计算运费和预期成本，并要求中钢天铁公司赔偿上述并未实际产生的各项费用，其结果没有事实和法律依据，显失公平。但最高人民法院在复函中指出，以仲裁结果显失公平，违反我国社会公共利益为由拒绝承认和执行仲裁裁决，明显不当。[2]

（3）仲裁裁决对我国法律作出否定性评价和曲解，不足以认定违反公共政策。

在路易达孚商品亚洲有限公司申请承认和执行仲裁裁决案中，国际油、种子和脂肪协会作出的第 3980 号仲裁裁决指出，"中国法规的规定及其在实践中的适用之间有着一个很明显的差距，有关中国法规的这个细节最终并不是很重要的。不管从哪个角度来看，中国法规都是很复杂的，正如任何一种监管体制可以影响到某个国际销售合同的情况那样，对当事方而言重要的不是作为当地相关法律的这些法规应如何解释，而是在实践中这些法规是如何适用的"。基于该段裁决内容，湛江市中级人民法院和广东省高级人民法院合议庭多数意见均认为，涉案仲裁裁决对我国的法律作出否定性评价和曲解，损害了我国法律法规的权威性，违背了我国的公共政策。但最高人民法院在复函中指出：案涉裁决认为中国的法律法规的规定与实

---

[1]　最高人民法院［2008］民四他字第 48 号复函。

[2]　最高人民法院［2012］民四他字第 12 号复函。

践中的适用存在明显差距，但该错误认识并不会导致承认与执行该仲裁裁决违反我国公共政策。本案适用公共政策为由拒绝承认与执行该仲裁裁决缺乏足够依据。[1]

　　公共秩序保留条款是一种弹性条款，它赋予法官一定程度的自由裁量权。这样有利于法官根据实际情况随机应变地决定是否运用此原则。但是，随着经济交往的不断深入，法官不能滥用这项制度，否则会影响到两国间的国际交往。[2]从以上我国司法实践中的案例可以看出，我国法院对公共政策例外的适用是非常审慎和克制的。但是，正如最高人民法院法官所言，慎用意味着不能滥用，也不等于完全不用。《纽约公约》赋予了执行地国法院以违反本国公共政策为由拒绝承认和执行外国仲裁裁决的权利。因此，当这一情形发生时，执行地国法院或者主管机关应当理直气壮地行使公约赋予的权利保护国家及其国民的利益。这样做不仅无损于执行地国的权威和形象，而且是真正地履行公约义务，真正地维护国际商事仲裁事业。[3]

---

〔1〕　最高人民法院［2010］民四他字第48号复函。
〔2〕　刘仁山主编：《国际私法》，中国法制出版社1999年版，第162页。
〔3〕　陆效龙、于喜富："外国仲裁司法审查中公共政策的运用——评海慕法姆公司、玛格国际贸易公司、苏拉么媒体有限公司申请承认及执行国际商会仲裁院仲裁案"，载中国国际经济贸易仲裁委员会编：《〈纽约公约〉与国际商事仲裁的司法实践》，法律出版社2010年版，第405页。

第四章 | CHAPTER 4

国际民商事诉讼机制 ▶▶▶▶

国际商事争议的解决，除了国际商事调解机制和国际商事仲裁机制，还有一种重要的解决机制，即通过司法诉讼的方式解决争议。由于各国在以司法诉讼方式解决国际商事争议时，通常不区分国际民事争议和国际商事争议，因此，本章对解决国际民事争议和国际商事争议的诉讼机制也不加以区分，统称为国际民商事诉讼机制。在国际民商事诉讼中，主要涉及两个问题：国际民商事管辖权和国际民商事司法协助，而广义的国际民商事司法协助又包括域外送达、域外取证和外国法院民商事判决和仲裁裁决的承认与执行。本章将主要围绕上述几个问题展开论述。我国于2023年修正《民事诉讼法》时，着重对涉外民事诉讼制度进行修改完善。此次修正主要体现在涉外民商事管辖权、平行诉讼规则、非方便法院原则、域外送达、域外取证以及外国法院判决的承认与执行制度等方面。这些制度的完善，将有利于进一步提升我国涉外民商事审判质效，更好地保障当事人的诉讼权利和合法权益，更好地维护我国主权、安全和发展利益。

第一节　国际民商事管辖权

一、国际民商事管辖权的概念和意义

国际民商事管辖权是以国家权力为基础，目的是在国际社会范畴内进行管辖权的分配，这与国内民商事管辖权强调在一国境内法院之间进行管辖权限的分配操作有根本的不同。[1]在国际民商事诉讼中，由于案件的连

---

〔1〕　杜新丽主编：《国际民事诉讼与商事仲裁》，中国政法大学出版社2009年版，第52页。

接点涉及不同的国家，所以首先要解决的问题是，案件应由哪一个国家的法院管辖。只有在解决了这个问题之后，才能进一步谈到具体由一国的哪一个法院管辖。

在国际民商事诉讼中，管辖权问题具有非常重要的意义。

首先，国际民商事管辖权是国家主权在国际民商事诉讼领域的具体体现。按照国家主权原则，每一主权国家都有属地管辖权和属人管辖权。根据属地管辖权，国家有权管辖其领域内的一切人、物以及发生在该国领域内的行为；根据属人管辖权，国家还有权管辖本国的国民。从一定意义上讲，国际民商事管辖权是国家主权在国际民商事诉讼领域的具体体现，也是国家主权在司法领域的必然延伸和表现。

其次，国际民商事管辖权是一国法院审理有关国际民商事案件的前提。如果一国法院对某一国际民商事案件没有管辖权，它就无权受理这一案件，更不可能有效地向国外的有关当事人送达诉讼文书或非诉讼文书，也不可能得到外国法院的司法协助。

最后，国际民商事管辖权的确定直接影响到案件的审判结果。因为同一涉外民商事案件在不同国家法院审理，可能会因各国法院对案件识别的不同而适用不同的冲突规范。即使不同的国家对该问题的识别是相同的，但由于各国的冲突规范可能不一样或者对统一适用的冲突规范存在不同的理解，仍有可能导致不同的判决结果。

二、国际民商事管辖权的分类

由于世界各国有关立法和司法实践的侧重点不同，国际民商事管辖权有不同的分类。

（一）属地管辖权和属人管辖权

在国际民商事案件中，诉讼当事人或其财产、诉讼标的物、产生争执的法律关系或法律事实，如果其中有一种存在于一国境内或者发生在该国境内，或者当事人一方具有该国国籍，就会引起该国能否据以主张它有权管辖的问题。凡根据人、物和事的存在地或发生地行使管辖就是属地管辖权，根据人的国籍归属行使管辖则是属人管辖权。前者强调一国法院对其领域内的一切人、物和事以及法律事件和行为都具有管辖权，而后者则强调一国法院对于本国公民具有管辖权，即使该公民位于外国。

（二）一般管辖权和特别管辖权

在国际民商事案件中，如以人的住所或居所为标准或以事件的种类为标准，可以将其管辖权分为一般管辖权和特别管辖权。

一般管辖权是指以当事人特别是被告住所或居所所在地为标志确立的国际民商事管辖权。在司法实践中，国际民事诉讼与国内民事诉讼一样，一般都采用"原告就被告"原则，即由原告向被告所在地国家的法院提起诉讼。

特别管辖权是指以有关事件的种类为标准所确定的国际民商事管辖权。它主要包括对物权争议、侵权行为、合同之债、财产继承诉讼的管辖等。

（三）专属管辖权和任意管辖权

专属管辖权是指对某些具有特别性质的涉外民商事案件强制规定只能由特定国家的内国法院行使独占排他的管辖，而不承认任何其他国家的法院对此类涉外民商事案件具有管辖权。一般而言，世界各国均规定，对位于内国境内的关于不动产的诉讼，有关法人的有效、无效或解散的诉讼，以内国公共登记项目的有效、无效为标的诉讼和内国国民的身份关系的涉外民商事案件，属于内国法院的专属管辖。各国法律规定的属于专属管辖的涉外民商事案件的范围是不完全相同的，但一般情况下这些案件都与国家的公共政策密切联系。

任意管辖权，亦称平行管辖权，是指国家在主张对某些种类的涉外案件具有管辖权的同时，并不否认外国法院对此类案件的管辖权。在平行管辖中，内国只是一般地规定行使国际民商事管辖权的联结因素。如果该联结因素在内国，内国法院有管辖权；如果该联结因素在外国，则由外国法院管辖。平行管辖多适用于与国家和社会的重大政治利益关系不大，但联结因素又复杂多样的有关合同及财产纠纷的案件。原告可以选择在合同签订地、合同履行地、合同争议标的物所在地、被告住所地或营业地所在地、被告财产所在地等众多联结因素所在地法院之一提起诉讼。

（四）协议管辖权和强制管辖权

各国立法从当事人在确定管辖权过程中的作用出发，基于案件的性质不同而区分了强制管辖权和协议管辖权。

强制管辖权是指国家立法机关考虑到某些诉讼案件的审理与该国社会、政治、经济的稳定与发展，与国家的重大利益密切相关，规定由内国法院统一实行管辖，不允许案件的当事人予以改变。根据各国立法的规定，凡属内国法院专属管辖的诉讼都是内国法院强制管辖的内容。

协议管辖权是指涉外民事诉讼的双方当事人在争议发生前后，用协议的方式来确定它们之间的争议应由何国法院来管辖。协议管辖权是"意思自治"原则在国际民商事诉讼领域的体现。现在，协议管辖权已经得到国际社会的普遍认可。至于当事人能在多大范围内通过协议确定管辖权的问题，各国的立法规定不一致。

（五）直接管辖权和间接管辖权

国际民商事管辖权，按其作用，又可分为直接管辖权和间接管辖权。前者是指一国法院在受理国际民商事案件时据以决定其本身是否有权审理这些案件的管辖权，后者是指一国法院在承认与执行外国法院判决时根据该国法据以决定外国法院是否有权审理该案的管辖权。一国法律中规定的这两种管辖权，并不总是一致的。但它们之间存在着密切的联系，后者是前者的进一步引申，其精神实质也同出一辙。这两种管辖权的区分，在一些国家的法律中是明示的，在另一些国家的法律中则是默示的，有的国家甚至未作这种区分。

三、我国有关国际民商事管辖权的规定

（一）级别管辖

级别管辖是区分各级人民法院对第一审民商事案件的管辖范围，它是根据案件的性质、案情复杂程度、影响大小、标的额大小来确定的。根据我国《民事诉讼法》的规定，涉外民商事案件的第一审法院是基层人民法院，只有重大的涉外案件才由中级人民法院管辖。[1]同时，2022年《民事诉讼法司法解释》规定，重大涉外案件，包括争议标的额大的案件、案情

---

[1]《民事诉讼法》第18条和第19条。

复杂的案件，或者一方当事人人数众多等具有重大影响的案件。[1]

2001 年 12 月 25 日，最高人民法院审判委员会通过《关于涉外民商事案件诉讼管辖若干问题的规定》（以下简称《涉外民商事案件集中管辖规定》）。这一规定的主要内容是对涉外民商事案件实行集中管辖，即第一审涉外民商事案件由下列人民法院管辖：①国务院批准设立的经济技术开发区人民法院；②省会、自治区首府、直辖市所在地的中级人民法院；③经济特区、计划单列市中级人民法院；④最高人民法院指定的其他中级人民法院；⑤高级人民法院；同时对适用的案件类型和排除适用的案件类型也进行了明确规定。

可以说，2001 年《涉外民商事案件集中管辖规定》是最高人民法院以积极的姿态应对中国加入世界贸易组织（WTO）后我国审判工作面临的挑战而采取的重大举措。加入 WTO 后，中国的司法机关将会越来越多地介入国际贸易问题，审理涉及 WTO 规则的贸易纠纷案件，中国法院在适用 WTO 规则时将遇到许多技术性的困难，并且将面临 WTO 规则司法救济的严峻挑战。[2] 在当时的阶段，一些基层人民法院，尤其是边远地区的基层人民法院显然缺乏应对能力。为此，适当集中涉外民商事案件的管辖权确有必要。但是，该规定出台后，许多学者从该规定的合法性、合理性和可行性等方面提出批评意见，认为该规定不符合便利诉讼的原则，人为增加诉讼成本，客观上造成司法资源的浪费。[3]

根据涉外民商事审判的实际需求，最高人民法院又分别于 2004 年和 2017 年出台《关于加强涉外商事案件诉讼管辖工作的通知》《关于明确第一审涉外民商事案件级别管辖标准以及归口办理有关问题的通知》，适时调整涉外民商事案件集中管辖机制。

但是，随着我国开放型经济的深入发展、高质量共建"一带一路"的深入推进以及自由贸易试验区和海南自由贸易港的深化建设，涉外民商事

---

〔1〕 《民事诉讼法司法解释》第 1 条。
〔2〕 曹建明主编：《WTO 与中国的司法审判》，法律出版社 2001 年版，第 23~33 页。
〔3〕 丁伟："我国对涉外民商事案件实行集中管辖的利弊分析——评《最高人民法院关于涉外民商事诉讼管辖权若干问题的规定》"，载《法学》2003 年第 8 期。

案件数量明显上升，案件类型和分布区域发生较大变化，现有的涉外民商事案件集中管辖机制已经难以完全满足新形势新任务的需要，具体表现为：第一，中外当事人对高效便利解决涉外民商事纠纷的新期待迫切要求改革现有管辖机制。2001年《涉外民商事案件集中管辖规定》为确保涉外民商事审判质量，仅确定由极少数基层人民法院和少量中级人民法院集中管辖第一审涉外民商事案件，存在不够高效便民的情况，也不利于涉外民商事案件审判质效的持续提升。第二，涉外民商事案件集中管辖司法实践出现的普遍性问题迫切要求改革现有管辖机制。2001年《涉外民商事案件集中管辖规定》实施以来，一直存在对集中管辖的案件范围认识不一致、不清晰的普遍性问题。由于涉外合同纠纷、涉外侵权纠纷案件的外延十分宽泛，较多法院对涉外民间借贷纠纷、涉外人身损害赔偿纠纷是否属于集中管辖范围认识不一。对于案件事实和法律适用较为简单、影响不大的涉外合同纠纷、涉外侵权纠纷案件实行集中管辖，不方便当事人诉讼，也不利于涉外审判资源的科学配置。第三，当前四级法院审级职能定位改革迫切要求改革现有管辖机制。如继续实施涉外民商事案件的集中管辖制度，将造成纯国内民商事案件基本集中在基层人民法院，而小标的或者影响不大的涉外民商事案件却由中级人民法院管辖的情况，这不符合四级法院审级职能定位改革的大方向，也不利于涉外民商事审判资源的优化配置。第四，中级、基层人民法院涉外审判队伍的长足发展为改革现有管辖机制奠定了坚实基础。党的十八大以来，各级法院深化司法体制综合配套改革，全面落实司法责任制，尤其是实施法官员额制改革后，具有涉外审判知识储备和审判能力的法官数量有了较大的提升。随着涉外审判精品战略的不断深化，各中级、基层人民法院审判队伍素质不断提高，已经完全能够胜任涉外民商事审判工作，为改革现有涉外集中管辖机制提供了坚实基础和队伍保障。[1]

　　在上述背景下，2022年8月16日，最高人民法院审判委员会通过《关

---

〔1〕　最高人民法院民事审判第四负责人就最高人民法院《关于涉外民商事案件管辖若干问题的规定》答记者问。

于涉外民商事案件管辖若干问题的规定》（以下简称《涉外民商事管辖规定》），对涉外民商事案件的级别管辖进行了调整，同时废止了 2001 年《涉外民商事案件集中管辖规定》。

《涉外民商事管辖规定》第 1 条规定："基层人民法院管辖第一审涉外民商事案件，法律、司法解释另有规定的除外。"第 2 条规定："中级人民法院管辖下列第一审涉外民商事案件：（一）争议标的额大的涉外民商事案件。北京、天津、上海、江苏、浙江、福建、山东、广东、重庆辖区中级人民法院，管辖诉讼标的额人民币 4000 万元以上（包含本数）的涉外民商事案件；河北、山西、内蒙古、辽宁、吉林、黑龙江、安徽、江西、河南、湖北、湖南、广西、海南、四川、贵州、云南、西藏、陕西、甘肃、青海、宁夏、新疆辖区中级人民法院，解放军各战区、总直属军事法院，新疆维吾尔自治区高级人民法院生产建设兵团分院所辖各中级人民法院，管辖诉讼标的额人民币 2000 万元以上（包含本数）的涉外民商事案件。（二）案情复杂或者一方当事人人数众多的涉外民商事案件。（三）其他在本辖区有重大影响的涉外民商事案件。法律、司法解释对中级人民法院管辖第一审涉外民商事案件另有规定的，依照相关规定办理。"第 3 条规定："高级人民法院管辖诉讼标的额人民币 50 亿元以上（包含本数）或者其他在本辖区有重大影响的第一审涉外民商事案件。"同时，高级人民法院根据本辖区的实际情况，认为确有必要的，经报最高人民法院批准，可以指定一个或数个基层人民法院、中级人民法院分别对第一审涉外民商事案件实行跨区域集中管辖。此外，涉外海事海商纠纷案件、涉外知识产权纠纷案件、涉外生态环境损害赔偿纠纷案件以及涉外环境民事公益诉讼案件，不适用《涉外民商事管辖规定》。[1]

从《涉外民商事管辖规定》可以看出，第一审涉外民商事案件原则上由基层人民法院管辖，同时，明确了中级人民法院管辖第一审涉外民商事案件的级别管辖标准。根据不同区域确定不同标的额的管辖标准，主要考虑到各地外向型经济发展存在巨大差异，中级人民法院涉外民商事案件受

---

[1]《涉外民商事管辖规定》第 6 条。

案数量存在明显差异的实际情况。如果标的额采取"一刀切"模式，标的额过低可能会出现部分中级人民法院一审涉外民商事案件数量过多；过高则可能导致部分中级人民法院一审涉外民商事案件数量过少。基于均衡中级、基层人民法院涉外民商事案件工作量、保障涉外民商事案件裁判尺度统一、提升中西部法官涉外审判水平等多方面考虑，最高人民法院经广泛调研，听取多方意见，采取了分区域梯度划分标的额管辖标准的模式，第一档为人民币 4000 万元以上（包含本数），第二档为人民币 2000 万元以上（包含本数），加大第一审涉外民商事案件下沉力度，构建统一、稳定、可预期的涉外民商事案件管辖规则。此外，从前期深圳、珠海等地将区域内第一审涉外民商事案件集中到涉外审判力量较强的一家基层人民法院审理的情况看，已经取得了较好效果。为此，《涉外民商事管辖规定》第 4 条第 1 款允许各高级人民法院经报最高人民法院批准，可以指定中级人民法院辖区内一个或数个基层人民法院管辖第一审涉外民商事案件。同时，鉴于北京、天津、上海、重庆四个直辖市辖区内的各中级人民法院基本上集中在一个城市，故该规定第 4 条第 1 款允许直辖市的高级人民法院经报最高人民法院批准，可以指定辖区内特定的一个或数个中级人民法院集中管辖第一审涉外民商事案件。此外，最高人民法院前期批准在苏州、北京、成都、厦门、长春、泉州、无锡、南宁等地中级人民法院设立国际商事法庭，集中管辖第一审涉外民商事案件，其可以继续实行集中管辖机制，无须再履行向最高人民法院报批的手续。[1]

（二）地域管辖

我国《民事诉讼法》第二章对民商事管辖权作了一般规定，第二十四章就涉外民商事案件的管辖权问题作了特别规定。此外，我国还颁布了《海事诉讼特别程序法》，规定因海事侵权纠纷、海商合同纠纷以及法律规定的其他海事纠纷提起的诉讼，由海事法院受理。在地域管辖方面，我国与世界各国的民事诉讼法确定管辖的依据基本上相同，主要根据两个因素

---

〔1〕　最高人民法院民事审判第四庭负责人就最高人民法院《关于涉外民商事案件管辖若干问题的规定》答记者问。

来确定：一是当事人的所在地与法院辖区的关系；二是诉讼标的物所在地或者法律事实发生地与法院辖区之间的联系。前者即普通地域管辖，后者为特殊地域管辖。

1. 普通地域管辖

普通地域管辖又称为一般地域管辖，我国同大多数国家一样，在民商事案件管辖问题上，采用"原告就被告"原则，对公民提起的民事诉讼，由被告住所地人民法院管辖；被告住所地与经常居住地不一致的，由经常居住地人民法院管辖。对法人或者其他组织提起的民事诉讼，由被告住所地人民法院管辖。[1]此外，下列民事诉讼，由原告住所地人民法院管辖；原告住所地与经常居住地不一致的，由原告经常居住地人民法院管辖：对不在中华人民共和国领域内居住的人提起的有关身份关系的诉讼；对下落不明或者宣告失踪的人提起的有关身份关系的诉讼；对被采取强制性教育措施的人提起的诉讼；对被监禁的人提起的诉讼。

2. 特殊地域管辖

《民事诉讼法》还就在我国领域内没有住所的被告提起的民事诉讼，规定了中国法院可以行使管辖权的多种联结因素。《民事诉讼法》第 276 条第1 款规定："因涉外民事纠纷，对在中华人民共和国领域内没有住所的被告提起除身份关系以外的诉讼，如果合同签订地、合同履行地、诉讼标的物所在地、可供扣押财产所在地、侵权行为地、代表机构住所地位于中华人民共和国领域内的，可以由合同签订地、合同履行地、诉讼标的物所在地、可供扣押财产所在地、侵权行为地、代表机构住所地人民法院管辖。"该条款将过去《民事诉讼法》规定的"合同或者其他财产权益纠纷"扩大至所有的涉外民事纠纷。此外，该法第 276 条第 2 款增加了一条非常重要的规定："涉外民事纠纷与中华人民共和国存在其他适当联系的，可以由人民法院管辖。"该款规定极大地扩展了人民法院对于涉外民事案件的管辖范围。涉外民事纠纷只要与我国存在上述联结因素以外的其他适当联系，人民法院都可以管辖。当然，对于"适当联系"的理解，仍需要最高人民法院

[1] 我国《民事诉讼法》第 22 条第 1 款和第 2 款。

通过司法解释作出补充，或留待法官在个案受理时行使自由裁量权作出认定。

此外，《民事诉讼法》第 270 条规定："在中华人民共和国领域内进行涉外民事诉讼，适用本编规定。本编没有规定的，适用本法其他有关规定。"根据该条规定，对于《民事诉讼法》规定的国内案件特殊地域管辖的规定，如果案件含有涉外因素，中国法院也可以行使相应的管辖权。《民事诉讼法》第 24 条至第 33 条规定：①因合同纠纷提起的诉讼，由被告住所地或者合同履行地人民法院管辖；②因保险合同纠纷提起的诉讼，由被告住所地或者保险标的物所在地人民法院管辖；③因票据纠纷提起的诉讼，由票据支付地或者被告住所地人民法院管辖；④因公司设立、确认股东资格、分配利润、解散等纠纷提起的诉讼，由公司住所地人民法院管辖；⑤因铁路、公路、水上、航空运输和联合运输合同纠纷提起的诉讼，由运输始发地、目的地或者被告住所地人民法院管辖；⑥因侵权行为提起的诉讼，由侵权行为地或者被告住所地人民法院管辖；⑦因铁路、公路、水上和航空事故请求损害赔偿提起的诉讼，由事故发生地或者车辆、船舶最先到达地、航空器最先降落地或者被告住所地人民法院管辖；⑧因船舶碰撞或者其他海事损害事故请求损害赔偿提起的诉讼，由碰撞发生地、碰撞船舶最先到达地、加害船舶被扣留地或者被告住所地人民法院管辖；⑨因海难救助费用提起的诉讼，由救助地或者被救助船舶最先到达地人民法院管辖；⑩因共同海损提起的诉讼，由船舶最先到达地、共同海损理算地或者航程终止地的人民法院管辖。

（三）专属管辖

2023 年新修正的《民事诉讼法》在专属管辖权规定上，增加了两类专属管辖的案件。该法第 279 条规定："下列民事案件，由人民法院专属管辖：（一）因在中华人民共和国领域内设立的法人或者其他组织的设立、解散、清算，以及该法人或者其他组织作出的决议的效力等纠纷提起的诉讼；（二）因与在中华人民共和国领域内审查授予的知识产权的有效性有关的纠纷提起的诉讼；（三）因在中华人民共和国领域内履行中外合资经营企业合同、中外合作经营企业合同、中外合作勘探开发自然资源合同发生纠纷提起的诉讼。"此外,《民事诉讼法》第 34 条还规定:"下列案件,由本条规定的人民法院专属管辖:(一)因不动产纠纷提起的诉讼,由不动产所在地人民法院管辖;(二)因港口作业中发生纠纷提起的诉讼,由港口所在地人民法院管辖;(三)因继承遗产纠纷提起的诉讼,由被继承人死亡时住所地或者主要遗产所在地人民法院管辖。"对于上述中国法院专属管辖的案件,当事人不得协议选择外国法院管辖,但协议选择仲裁的除外。[1]

需要注意的是,对于不动产纠纷,只有当不动产位于我国领域时,我国法院才享有专属管辖权。例如,在林某珠等与陈某不动产转让合同纠纷案中,当事人签署协议,约定一方当事人收购另一方当事人所有的位于新西兰奥克兰市的某地块的 30% 股权。当事人收款后未办理有关土地股权转让手续。另一方当事人向我国法院起诉。关于本案是否适用不动产专属管辖的问题,我国最高人民法院认定:本案是当事人之间因转让位于新西兰奥克兰市的不动产而产生的纠纷,因此本案为涉外不动产转让合同纠纷。被告为我国公民,且住所在中国,我国法院有管辖权。至于不动产纠纷由不动产所在地人民法院管辖,是指我国对因位于我国领域内的不动产而发生的纠纷实行专属管辖,由不动产所在地人民法院管辖。本案争议的不动产位于我国领域外,不适用该条规定。对不动产位于我国领域外的纠纷案件的管辖问题,《中华人民共和国民事诉讼法》第四编也没有规定以不动产所在地作为连接点确定管辖。再审申请人主张本案应由不动产所在地法院管辖的申请再审理由不能成立。[2]

(四)协议管辖

关于协议管辖,我国在 2012 年修正《民事诉讼法》时删除了对涉外协议管辖的专门规定,在总则编第 34 条对协议管辖进行统一规定,取消了国内与涉外协议管辖区分立法、分类适用的双轨制安排。2023 年修正的《民事诉讼法》对国内与涉外协议管辖重新进行了区分,即国内案件的协议管辖当事人仍然只能选择与争议有实际联系的地点的法院,而在涉外案件的

---

〔1〕 我国《民事诉讼法司法解释》第 529 条。

〔2〕 最高人民法院〔2011〕民申字第 1012 号民事裁定书。

协议管辖方面，则取消了实际联系要求。，此外，又增加了涉外协议管辖和应诉管辖的规定。该法第 277 条规定："涉外民事纠纷的当事人书面协议选择人民法院管辖的，可以由人民法院管辖。"第 278 条规定："当事人未提出管辖异议，并应诉答辩或者提出反诉的，视为人民法院有管辖权。"可见，2023 年《民事诉讼法》对涉外协议管辖的修改，进一步扩大了我国法院管辖涉外案件的范围，便利我国当事人在境内解决有关涉外争议。

1. "与争议有实际联系"的存废争论

我国法律要求当事人只能选择"与争议有实际联系"的法院，目的在于保护弱势一方当事人利益，以及防止当事人的选择对国家司法主权造成侵害。一方面，如果当事人选择了与案件没有任何关联的法院管辖，在诉讼过程中会造成诸多不便，例如取证困难、审理效率低下等，甚至也会影响判决结果的实际执行，反而最终损害到当事人的利益。另一方面，当事人也可能通过协议管辖规避本国管辖。在 2023 年《民事诉讼法》修正之前，我国司法实践中也要求当事人必须选择与争议有实际联系的法院。

例如，在山东聚丰网络有限公司与韩国 MGAME 公司、天津风云网络技术有限公司网络游戏代理及许可合同纠纷管辖权异议案中，被告提出管辖权异议的理由是，双方签署的合同约定："本协议应当受中国法律管辖并根据中国法律解释。由本协议产生或与本协议相关的争议应当在新加坡最终解决，且所有本协议产生的争议应当接受新加坡的司法管辖。"被告主张本案应由新加坡有管辖权的法院审理，中国法院无权审理。最高人民法院在裁定中认为：涉外合同双方当事人选择管辖地应当遵循我国法律的规定，应当选择与争议有实际联系的地点的法院管辖。而本案当事人协议指向的新加坡，既非当事人住所地，又非合同履行地、合同签订地、标的物所在地，同时本案当事人协议选择适用的法律也并非新加坡法律，上诉人也未能证明新加坡与本案争议有其他实际联系。因此，应当认为新加坡与本案争议没有实际联系。因此，涉案合同关于争议管辖的约定应属无效约定。在当事人选择管辖法院的约定无效的情况下，应当根据受诉地国家有关涉外案件管辖的其他法律规则确定案件的管辖。山东省高级人民法院作为本案合同履行地法院，对本案具有管辖权。[1]

但在实践中，对于是否有必要继续保留实际联系原则，我国法学界一直存在不同的声音。例如，我国著名的国际法学者李浩培先生就认为："要求当事人对直接国际裁判管辖权的合意选择与争议有实际联系的地点的法院管辖这一点，尚值得仔细斟酌。因为这样的要求排除了当事人以合意将直接国际裁判管辖权赋予一个中立法院的可能性，而这对国际经济往来的发展是不利的。订立契约以进行国际贸易的法律主体，不论是自然人或法人，通常属于两个不同国籍的国家。这些法律主体通常倾向于维护其各自国家的司法制度的威望，而对于对方的司法制度未免抱有不信任感。要求选择与争议有实际联系的地点的法院管辖就是排除了选择中立法院管辖的可能性。其结果可能是双方当事人因此不能达成国际贸易的契约的缔结，对国际经济往来的发展不利。所以，现代各国国际民事程序法发展的趋势，是不要求选择与争议有实际联系的地点的法院。"[2]也有学者认为，在充分考量所有与案件相关利益和因素的基础上，双方当事人在选择管辖法院时所进行的全面博弈与协商，远比代表公权力的法院更能权衡个体双方的利弊得失。此外，随着互联网通信手段和视频网站及时传输的便利，各国对电子证据调查取证、远程视频即时审理等国际诉讼配套制度作出灵活规定。出于诉讼的便利性、可预见性和诉讼的公平效益的追求，当事人更乐意选择那些相对中立和专业水平高的法院来防范和处理他们之间的争议。[3]

但也有学者认为，我国不仅不应取消实际联系原则，反而应当大张旗鼓地坚持和宣传该原则。如果不遵循实际联系原则，就会纵容和鼓励当事人挑选法院，当事人故意到一个与纠纷无关的国家法院去提起诉讼，其目的肯定不会是寻求一个适当的判决，而往往是想要拖延时间。在一个尚未建立有效的判决相互承认与执行机制的国际社会，取消实际联系原则只会

---

[1] 最高人民法院［2009］民三终字第4号民事裁定书。
[2] 李浩培：《国际民事程序法概论》，法律出版社1996年版，第64页。
[3] 吴永辉："论新《民诉法》第34条对涉外协议管辖的法律适用"，载《法律科学（西北政法大学学报）》2016年第5期。

增加判决承认与执行上的难题并损害当事人的诉讼权利。[1]

此外，在实践中，如何理解"与争议有实际联系"？我国法院主要采用客观联系标准，即争议与被选择的法院具有某种客观存在的外在联系。至于主观标准，例如当事人在合同中选择某国法律，能否成为实际联系标准，我国法院对此问题的态度前后有变化。2002年，在中化江苏连云港进出口公司诉中东海星综合贸易公司买卖合同管辖权异议案中，虽然当事人双方住所地均不在瑞士，且合同的签订地、履行地、标的物所在地等也不在瑞士，与瑞士的唯一连接点仅是当事人约定合同受瑞士有效法律管辖并据之进行解释，双方同意有争执应提交瑞士苏黎世法院进行裁决，但是最高人民法院在函复江苏省高级人民法院时认为，本案双方当事人在合同中选择了适用瑞士法，从而使瑞士法成为处理本案合同关系的准据法，这一事实足以表明瑞士与本案的争议有"实际联系"，瑞士的法院是与争议有实际联系地点的法院。但在随后的一些案件，例如上海衍六国际货物运输代理有限公司与长荣海运股份有限公司海上货物运输合同纠纷案[2]、2011年德力西能源私人有限公司与东明中油燃料石化有限公司国际货物买卖合同管辖权纠纷再审案中，最高人民法院不再将当事人选择适用的法律作为实际联系原则的一个连接点加以考虑，并强调域外法院必须与诉争的特定法律关系有客观联系。[3]

我国在2023年修正《民事诉讼法》时，在涉外协议管辖中删除了实际联系要求，这样的修改也符合协议管辖的发展趋势。21世纪以来，为适应国际商事争议法律服务市场竞争的需要，各国在扩张管辖权的同时，纷纷弱化了诉争案件与协议选择法院的关联程度和限制条件，甚至允许当事人自由选择管辖法院。2015年生效的《选择法院协议公约》也没有要求协议选择的法院与争议之间有实际联系。取消实际联系要求，能够吸引更多的涉外案件来本国解决，无形中扩张了本国的管辖权。由于协议管辖授予私主体法院选择权，实际上在很大程度上赋予了被选国的"国际"管辖权。

---

〔1〕 杜涛："新民事诉讼法下当事人协议选择境外法院问题"，载《人民司法（应用）》2017年第1期。

〔2〕 最高人民法院〔2011〕民提字第301号民事裁定书。

〔3〕 最高人民法院〔2011〕民提字第312号民事裁定书。

协议管辖权充分考虑了跨国当事人对专门性商事法庭自由选择的权利和便利，本身即具备了鲜明的制度开放性和灵活性，不仅拓展了本国司法机构的涉外法律服务范围与国际竞争力，减少了平行管辖的冲突和矛盾，而且促进了涉外商事管辖权立法与司法的国际协调。因此，协议关系"实际联系要求"进一步弱化、放松甚至弃用，无疑会极大推动各国涉外商事司法管辖权的国际化开放。[1]

2. 协议管辖排他性的认定

协议管辖权包括排他性的管辖权和非排他性的管辖权。如果当事人约定的是非排他性的管辖权，则不能排除当事人向其他有管辖权的法院起诉的权利。相反，如果当事人约定的是排他性的管辖权，则当事人必须受该管辖法院的约束，非经当事人协议一致，不能再向其他法院起诉，除非该协议管辖条款被法院认定为无效。

如果当事人在其协议管辖权条款中未明确是否具有排他性，该如何认定呢？实践中，美国和欧盟做法不同。美国倾向于认定为非排他性，欧盟则认定为排他性。我国法院对此普遍认可为具有排他性。例如，在高某保证合同纠纷案中，上海市高级人民法院认定：是否属于排他性管辖，我国法律没有明确规定。2005 年《海牙选择法院协议公约》规定了排他性选择法院协议。参照该公约规定，选择管辖法院是否具有排他性关键在于看协议用词是否明确。涉案保证书明确"因本保证书涉诉时，合意以台湾地区法院为第一审管辖法院"，本案当事人未另作明确规定，应认定为属于排他性管辖协议，即排除了大陆法院的管辖权。至于协议管辖条款没有具体约定纠纷由我国台湾地区的哪一个地方法院管辖，当事人可以根据我国台湾地区的相关规定向我国台湾地区某一法院起诉，同样具有确定性。上诉人以协议选择的法院约定不明和不具有排他性为由主张该管辖条款无效，缺乏事实和法律依据。[2]在美怡有限公司等与龙峰国际香港有限公司股权转让纠纷案中，上海市高级人民法院也认可当事人约定的"因履行本备忘录

---

〔1〕 吴永辉："论国际商事诉讼的仲裁化——兼评我国《民事诉讼法》涉外编修改"，载《现代法学》2023 年第 4 期。

〔2〕 上海市高级人民法院〔2016〕沪民辖终 99 号民事裁定书。

而发生争议时，亦均交由香港法院专属解决"为排他性管辖协议，即排除了内地法院的管辖权。[1]在徐某明与张某华股权转让纠纷案中，最高人民法院认定：涉案《股权转让合同》第 7 条约定："协议一经签订，双方不得反悔，如违约则可向蒙古国法院起诉，并有权申请查封位于蒙古国的 RICH-FORTUNE 相关财产。"该管辖条款约定的管辖法院即蒙古国法院系合同签订地、股权转让义务的履行地法院，与本案争议有实际联系。至于双方当事人没有具体约定纠纷由蒙古国哪一个法院管辖，当事人可以根据蒙古国法律的规定向该国某一具体法院起诉，同样具有确定性。涉案管辖条款中的"可"字符合起诉系当事人的一项权利而非义务的实际。涉案管辖条款表明在当事人行使诉讼权利时可以向蒙古国法院起诉，但并没有表明当事人有权选择向蒙古国以外的其他国家法院起诉，涉案《股权转让合同》没有载明蒙古国法院对有关纠纷享有非排他性管辖权。双方当事人在约定蒙古国法院管辖的同时，进一步约定"有权申请查封位于蒙古国的 RICHFOR-TUNE 相关财产"，虽然在该两项约定中后者不影响前者的效力，但如果当事人依法可以申请法院查封 RICHFORTUNE 相关财产，约定蒙古国法院管辖显然是该项查封的一个重要便利条件，由此可以推断双方当事人当时具有选择蒙古国法院管辖的真实意思和特定意图，而难以推断双方当事人还具有可以向其他国家法院起诉的意思。在这种情况下，徐某明认为当事人还可以向其他国家法院起诉，没有合同依据。[2]

四、我国对于国际民商事管辖权冲突的态度

鉴于各国确定国际民商事管辖权的依据不同，国际民商事管辖权的冲突在所难免。由于各国均在极力扩大自己的管辖权，因此，管辖权冲突主要表现为积极冲突，即两个或两个以上的国家对同一国际民商事案件交叉或重复行使管辖权。对于管辖权的积极冲突，各国通过签署国际条约或在国内立法中限制本国管辖权等方式，来协调管辖权的冲突。

---

〔1〕 上海市高级人民法院［2017］沪民辖终 96 号民事裁定书。
〔2〕 最高人民法院［2015］民申字第 471 号民事裁定书。

（一）中国处理平行诉讼的规定和实践

平行诉讼，又称"一事两诉""诉讼竞合"，是指相同当事人就同一争议同时在两个或两个以上国家的法院进行诉讼的现象。平行诉讼有其存在的合理性，当事人之所以发动平行诉讼是出于自身利益的需要。例如，被告在两个国家都有财产，但在任何一国中的财产都不足以清偿原告的全部债务。平行诉讼可以为当事人提供更多的救济手段。但是，平行诉讼也会带来一些负面的影响，包括造成司法资源的浪费、加重一方当事人的负担、加剧管辖权冲突等。

我国在 2023 年修正《民事诉讼法》之前，是允许平行诉讼的。《民事诉讼法司法解释》第 531 条规定："中华人民共和国法院和外国法院都有管辖权的案件，一方当事人向外国法院起诉，而另一方当事人向中华人民共和国法院起诉的，人民法院可予受理。判决后，外国法院申请或者当事人请求人民法院承认和执行外国法院对本案作出的判决、裁定的，不予准许；但双方共同缔结或者参加的国际条约另有规定的除外。外国法院判决、裁定已经被人民法院承认，当事人就同一争议向人民法院起诉的，人民法院不予受理。"由此规定可知，如果中国法院和外国法院对同一案件都有管辖权，我国允许平行诉讼。人民法院可以受理另一方当事人的起诉，而不论一方当事人是否已在外国法院起诉，或者外国法院是否已经接受起诉并正在审理。即使外国法院已经对此案件作出判决，也不影响我国法院受理此案。即我国奉行"内国法院判决优先"原则。一旦我国法院受理了该案，则我国法院只会执行内国判决，对外国判决不予承认和执行。

例如，在丙部高科有限公司等与南京丁洋化工运贸有限公司海事保函争议案中，湖北省高级人民法院认为：尽管本案双方当事人在韩国进行的平行诉讼已由韩国法院受理，并经韩国首尔高等法院作出终审判决，但是被上诉人在外国提起诉讼，我国法院可予受理。[1]

但我国在 2023 年修正《民事诉讼法》时，增加了平行诉讼的规定。该法第 280 条规定："当事人之间的同一纠纷，一方当事人向外国法院起诉，

―――――――――
〔1〕 湖北省高级人民法院［2012］鄂民四终字第 00130 号民事判决书。

另一方当事人向人民法院起诉，或者一方当事人既向外国法院起诉，又向人民法院起诉，人民法院依照本法有管辖权的，可以受理。当事人订立排他性管辖协议选择外国法院管辖且不违反本法对专属管辖的规定，不涉及中华人民共和国主权、安全或者社会公共利益的，人民法院可以裁定不予受理；已经受理的，裁定驳回起诉。"第281条规定："人民法院依据前条规定受理案件后，当事人以外国法院已经先于人民法院受理为由，书面申请人民法院中止诉讼的，人民法院可以裁定中止诉讼，但是存在下列情形之一的除外：（一）当事人协议选择人民法院管辖，或者纠纷属于人民法院专属管辖；（二）由人民法院审理明显更为方便。外国法院未采取必要措施审理案件，或者未在合理期限内审结的，依当事人的书面申请，人民法院应当恢复诉讼。外国法院作出的发生法律效力的判决、裁定，已经被人民法院全部或者部分承认，当事人对已经获得承认的部分又向人民法院起诉的，裁定不予受理；已经受理的，裁定驳回起诉。"上述两条规定确定了我国关于平行诉讼的处理原则。在严格维护国家主权、安全和社会公共利益以及人民法院专属管辖权行使的前提下，人民法院合理行使管辖权，充分尊重当事人意思自治，这样的规定更加符合国际司法的最新实践和发展趋势。

此外，在我国签署的双边司法协助条约中，对平行诉讼问题的处理也符合国际社会的普遍实践。[1]一般来说，对平行诉讼主要有三种处理原则：第一，内外国判决冲突时的内国判决优先原则。例如，《中华人民共和国和法兰西共和国关于民事、商事司法协助的协定》第22条第6项规定，被请求一方法院对于相同的当事人之间就同一事实和要求的案件已经作出确定的判决；或者被请求一方法院已经承认了第三国法院对于相同的当事人之间就同一事实和要求的案件所作的确定判决，请求一方的裁决不予承认和执行。第二，内国判决优先原则和内国正在审理原则。例如，《中华人民共和国和乌克兰关于民事和刑事司法协助的条约》《中华人民共和国和西班牙王国关于民事、商事司法协助的条约》等均规定：被请求承认与执行裁决

〔1〕　刘仁山主编：《国际私法》（第4版），中国法制出版社2010年版，第373页。

的缔约一方的法院对于相同当事人之间就同一标的案件已经作出了生效裁决，或正在进行审理，或已承认了在第三国对该案件所作的生效裁决，则对申请承认和执行的判决不予承认与执行。第三，内国判决优先原则和内国先诉优先原则。例如，《中华人民共和国和蒙古人民共和国关于民事和刑事司法协助的条约》除了规定前述的内国判决优先，还规定了如果内国法院受理案件在先，对方国家法院的受理在后，则拒绝承认和执行对方国家法院的判决。[1]

（二）中国对不方便法院原则的规定和司法适用

不方便法院原则，是指一国法院根据其国内法或国际条约规定，对国际民商事案件有管辖权，但法院认定本法院地对任何当事人来说是一个不公平或十分不便的地点，因而放弃或拒绝行使管辖权。不方便法院原则在一定程度上起到了避免管辖权冲突的作用。在适用不方便法院原则时，各国法院通常考虑的因素有：当事人参加诉讼是否方便；证据调取是否方便；证人出庭作证是否便利；送达通知的渠道是否存在障碍；域外法律查明、适用的难易程度；语言交流、翻译是否方便；判决执行的可行性及有效性等。

我国《民事诉讼法司法解释》第530条对不方便法院原则进行明确规定："涉外民事案件同时符合下列情形的，人民法院可以裁定驳回原告的起诉，告知其向更方便的外国法院提起诉讼：（一）被告提出案件应由更方便外国法院管辖的请求，或者提出管辖异议；（二）当事人之间不存在选择中华人民共和国法院管辖的协议；（三）案件不属于中华人民共和国法院专属管辖；（四）案件不涉及中华人民共和国国家、公民、法人或者其他组织的利益；（五）案件争议的主要事实不是发生在中华人民共和国境内，且案件不适用中华人民共和国法律，人民法院审理案件在认定事实和适用法律方面存在重大困难；（六）外国法院对案件享有管辖权，且审理该案件更加方便。"因此，在司法解释已经明确适用不方便法院原则的条件下，判断是否构成不方便法院原则应以其为依据。其中对于被告提出管辖异议、当事人

---

〔1〕 刘懿彤：《国际民事诉讼管辖权与和谐国际社会构建》，中国人民公安大学出版社、群众出版社2017年版，第167~168页。

不存在协议管辖、案件不属于我国人民法院专属管辖的审查易于掌握。审查的重点和难点问题在于案件不涉及我国国家、公民、法人或者其他组织的利益，人民法院审理案件在认定事实和适用法律方面存在重大困难。对于案件审理的实质性影响要件应严格依照《民事诉讼法司法解释》规定的六项基本条件进行审查，并且在审查时应该要求六项基本条件同时具备方能适用不方便法院原则。

我国在 2023 年修正《民事诉讼法》时，增加了不方便法院原则。该法第 282 条规定："人民法院受理的涉外民事案件，被告提出管辖异议，且同时有下列情形的，可以裁定驳回起诉，告知原告向更为方便的外国法院提起诉讼：（一）案件争议的基本事实不是发生在中华人民共和国领域内，人民法院审理案件和当事人参加诉讼均明显不方便；（二）当事人之间不存在选择人民法院管辖的协议；（三）案件不属于人民法院专属管辖；（四）案件不涉及中华人民共和国主权、安全或者社会公共利益；（五）外国法院审理案件更为方便。裁定驳回起诉后，外国法院对纠纷拒绝行使管辖权，或者未采取必要措施审理案件，或者未在合理期限内审结，当事人又向人民法院起诉的，人民法院应当受理。"此次修改的关于不方便法院原则的规定，不仅将其上升到法律的高度，还增加了当外国法院对纠纷拒绝行使管辖权，或者未采取必要措施审理案件，或者未在合理期限内审结三种情形下，人民法院可以受理的兜底条款，更有利于当事人合法诉权的保障。

事实上，早在 2008 年最高人民法院民事审判第四庭颁布的《涉外商事海事审判实务问题解答（一）》中就"如何理解和掌握'不方便法院原则'"进行了规定。司法实践中，已有适用不方便法院原则的案例。整体看来，我国在适用不方便法院原则时，坚持从严把握的标准，严格审查案件是否具备《民事诉讼法司法解释》所规定的六项条件，以防止司法主权受到破坏。

例如，在天卓国际发展有限公司诉盈发创建有限公司借款合同纠纷案，[1]

---

〔1〕　天津市高级人民法院［2016］津高民终 45 号民事裁定书。

国泰世华商业银行股份有限公司与高某保证合同纠纷案[1]中，我国法院均认为：适用不方便法院原则的前提是我国法院对案件本身享有管辖权，且必须同时满足《民事诉讼法司法解释》规定的六项条件。

在司法实践中，对于注册地在境外，但是实际经营和管理活动均在我国境内的离岸公司，我国法院积极行使管辖权，没有轻易适用不方便法院原则拒绝管辖。例如，在上海高级人民法院审理的尚德电力控股有限公司诉尚德电力投资有限公司企业借贷纠纷管辖权异议案中，被告提出管辖权异议，认为一审法院对本案无管辖权或不方便管辖，要求驳回原告的起诉。其理由是：本案系企业借贷纠纷，双方当事人未约定由中国法院管辖，也未选择适用中国法律，争议的主要事实发生在境外，相关的证据材料也需要在境外收集，甚至案件的执行结果涉及多个境外企业，且关联案件已在新加坡法院起诉和审理。上海市高级人民法院在二审中认为：本案为涉外借款合同纠纷。一审法院作为尚德电力投资有限公司可供扣押财产所在地法院对本案享有管辖权。

关于本案是否存在不方便管辖的问题，法院进行了详细的分析和阐述：

第一，关于本案是否涉及中国国家、公民、法人或其他组织的利益。本案双方当事人虽然均为注册于境外的外国企业，但双方的实际经营活动和办公场所均位于中国境内，双方的多名董事和工作人员也居住于境内，系争借款也是用于中国境内子公司的增资，且尚德电力投资有限公司可供执行的财产亦在中国境内，因此本案争议并非与中国国家、公民、法人或其他组织的利益无涉，一审法院将本案当事人作为普通的外国企业对待，而未能充分考虑其作为离岸公司注册地和实际经营地相分离的特点，不予赞同。

第二，关于中国法院审理本案是否在认定事实和适用法律方面存在重大困难。就本案而言，双方的实际经营地和办事机构均位于中国江苏省无锡市，尚德电力控股有限公司的付款指令是在无锡市作出，银行完成划款后是向双方在无锡市的办公地进行通知，借款亦是用于尚德电力控股有限

---

[1] 上海市高级人民法院 [2016] 沪民辖终 99 号民事裁定书。

公司在境内的增资，因此，本案争议的主要事实并非与中国无涉，一审法院仅凭系争借款通过境外银行汇付即认定本案的主要履行事实均发生在境外，失之偏颇。本案系争合同与中国有着十分密切的联系，故在当事人未对合同争议适用法律作出选择的情况下，应根据中国《涉外民事关系法律适用法》的相关规定确定本案准据法。一审法院认为本案应适用外国法并认定本案在认定事实和适用法律方面存在重大困难，依据不足。

第三，关于外国法院审理本案是否更加方便。尚德电力控股有限公司主张本案由新加坡法院审理更为方便，其主要理由是其住所地在新加坡，且新加坡法院已经受理了双方另一关联案件。对于是否"更方便外国法院"，应当根据案件的具体情况，从及时、有效和最大限度保护当事人合法权益出发，综合考量各种因素予以确定。本案中，双方当事人的实际经营地均位于中国境内，双方多名董事和有关的业务经办人员也居住于中国境内，中国法院审理案件在文书送达、证据获取、证人出庭作证等方面并不存在"非便利性"因素。需特别指出的是，"判决能否得到执行"是适用"不方便法院原则"的重要考虑因素。本案中，尚德电力控股有限公司可供执行财产在中国境内并被采取保全措施，由中国法院审理案件最有利于判决的执行。相反，若由新加坡法院审理本案，由于中国与新加坡签订的双边司法协助条约并不包括判决的相互承认和执行，即使尚德电力控股有限公司获得胜诉判决，其合法权益也难以得到有效维护，因此，新加坡法院并非审理本案的"更方便法院"。一审法院以自身是不方便法院为由拒绝对本案纠纷行使管辖权依据不足，难以支持。[1]

从上述案例可以看出，在司法实践中，我国法院充分考虑到我国涉外民商事案件管辖权制度维护司法主权、提供便捷解纷途径的精神，以促进案件的公正解决和维护当事人的合法权益为宗旨，综合考量相关因素作出是否适用不方便法院原则的裁定。

---

〔1〕　上海市高级人民法院〔2015〕沪高民二（商）终字第 57 号民事裁定书。

第二节　域外送达

一、域外送达的概念

在国际民商事诉讼中，域外送达是指一国法院根据国际条约、国内立法或者按照互惠原则将司法文书和司法外文书送交给居住在国外的诉讼当事人或其他诉讼参与人的行为。送达在国际民商事诉讼中地位特殊。就当事人而言，只有在收到司法文书并知悉其内容的情况下，才能确定自己如何行使诉讼权利和承担诉讼义务，如果送达不合法，可以就此提出异议或主张权利。[1]如果诉讼文书没有被及时送达给当事人，则往往会被认为诉讼程序不符合"程序公正"的要求，从而法院的判决也无法得到相关国家的承认和执行。

由于司法文书的送达是一国司法机关代表国家行使主权的一种表现，因而具有严格的属地性。一方面，一国的司法机关在未征得有关国家同意的情况下不能在该国境内实施送达行为；另一方面，内国也不承认外国司法机关在没有法律规定和条约依据的情况下在内国所实施的送达。因此，一方面，各国在其国内立法中对司法文书的域外送达和外国司法文书在内国的送达作了专门规定；另一方面，国家间也签订了涉及域外送达的双边或多边条约，包括专门的送达条约、大量的双边司法协助条约和领事条约，为各国提供多种送达途径。其中，最为重要的是 1965 年在海牙订立的《关于向国外送达民事或商事司法文书和司法外文书公约》（即《海牙送达公约》）。

二、《海牙送达公约》

为了解决涉外民商事案件中的域外送达问题，1965 年 10 月，第十届海牙国际私法会议上通过了《海牙送达公约》，该公约于 1969 年 2 月 10 日开始生

---

〔1〕　徐宏：《国际民事司法协助》，武汉大学出版社 1996 年版，第 131 页。

效。截至 2021 年 6 月 17 日，《海牙送达公约》的缔约国已达 79 个。[1]

《海牙送达公约》是目前有关司法文书和司法外文书域外送达方面规定最完备、影响最大的国际公约。根据该公约的解释报告，该公约的基本目标包括：第一，建立一套制度，在尽可能的范围内使得文书收件人能够实际知悉被送达的文书，以便其有足够的时间为自己辩护。第二，简化请求协助送达文书国和被请求国之间对这些文书的转递方式。第三，以统一规格的证明书方式便利对已完成送达的证明程序。[2]

依据《海牙送达公约》的规定，最主要的送达途径是通过被请求国的中央机关递送送达请求书。《海牙送达公约》第 2 条规定，每一缔约国应指定一个中央机关，负责接收来自其他缔约国的送达请求书，并予以转递。第 5 条规定，被请求国中央机关可以采用三种方式进行送达：第一，按照其国内法规定的在国内诉讼中对在其境内的人员送达文书的方法；第二，按照申请者所请求采用的特定方法，除非这一方法与文书发往国法律相抵触；第三，将文书交付自愿接受的收件人的方法进行送达。被请求国应按照公约所附范本格式出具证明书，说明已经送达，或未送达及原因。

除了中央机关送达，《海牙送达公约》还规定了其他送达方式：①外交和领事途径直接送达。即缔约国有权直接通过其外交或领事代表机构向身在国外的人完成司法文书的送达，但不得采用任何强制措施。[3]任何国家均可声明其对在其境内进行此种送达的异议，除非该文书须送达给文书发出国国民。[4]②外交和领事途径间接送达。即缔约国有权利用领事途径将文书送交另一缔约国为此目的指定的机关，以便送达。[5]③邮寄送达。即如果送达目的地国不表示异议，该公约不妨碍通过邮寄途径直接向身在国外的人送交司法文书的自由。[6]④通过送达目的地国的司法助理人员、官

---

[1] https://www.hcch.net/en/instruments/conventions/status-table/? cid = 17，最后访问日期：2023 年 2 月 9 日。

[2] 《海牙送达公约》在序言中也提及这些目标。

[3] 《海牙送达公约》第 8 条。

[4] 埃及、比利时、德国、希腊、韩国、葡萄牙、波兰、中国等国对此条款作出声明。

[5] 《海牙送达公约》第 9 条。

[6] 《海牙送达公约》第 10 条第 1 项。

员或其他主管人员的送达。即如果送达目的地国不表示异议，文书发出国的司法助理人员、官员或其他主管人员直接通过送达目的地国的司法助理人员、官员或其他主管人员完成司法文书的送达的自由。[1]⑤有利害关系的人直接送达。即如果送达目的地国不表示异议，任何在司法程序中有利害关系的人直接通过送达目的地国的司法助理人员、官员或其他主管人员完成司法文书的送达的自由。[2]

三、我国的域外送达制度和司法实践

中国关于域外送达的法律制度，国际法渊源体现在中国同外国签署的双边司法协助协定，以及我国于 1991 年批准加入的《海牙送达公约》，国内法渊源主要体现在我国《民事诉讼法》的规定、最高人民法院颁布的司法解释以及最高人民法院、外交部、司法部等联合发布的有关文件。

（一）我国关于域外送达的制度规定

1. 我国向在我国领域内没有住所的当事人送达的途径

2023 年《民事诉讼法》对域外送达方式进行了重要的修改，扩大了在我国境内向涉外民事诉讼当事人送达的途径，极大地便利了法院在涉外民事诉讼中向域外当事人的有效送达。该法第 283 条规定："人民法院对在中华人民共和国领域内没有住所的当事人送达诉讼文书，可以采用下列方式：（一）依照受送达人所在国与中华人民共和国缔结或者共同参加的国际条约中规定的方式送达；（二）通过外交途径送达；（三）对具有中华人民共和国国籍的受送达人，可以委托中华人民共和国驻受送达人所在国的使领馆代为送达；（四）向受送达人在本案中委托的诉讼代理人送达；（五）向受送达人在中华人民共和国领域内设立的独资企业、代表机构、分支机构或者有权接受送达的业务代办人送达；（六）受送达人为外国人、无国籍人，其在中华人民共和国领域内设立的法人或者其他组织担任法定代表人或者主要负责人，且与该法人或者其他组织为共同被告的，向该法人或者其他

---

〔1〕《海牙送达公约》第 10 条第 2 项。
〔2〕《海牙送达公约》第 10 条第 3 项。

组织送达；（七）受送达人为外国法人或者其他组织，其法定代表人或者主要负责人在中华人民共和国领域内的，向其法定代表人或者主要负责人送达；（八）受送达人所在国的法律允许邮寄送达的，可以邮寄送达，自邮寄之日起满三个月，送达回证没有退回，但根据各种情况足以认定已经送达的，期间届满之日视为送达；（九）采用能够确认受送达人收悉的电子方式送达，但是受送达人所在国法律禁止的除外；（十）以受送达人同意的其他方式送达，但是受送达人所在国法律禁止的除外。不能用上述方式送达的，公告送达，自发出公告之日起，经过六十日，即视为送达。"

此外，我国全国人大常委会在 1991 年 3 月 2 日作出批准加入《海牙送达公约》的决定时，也对一些条款作出了保留和声明：①依照《海牙送达公约》指定司法部作为中央机关和有权接收外国通过领事途径转递的文书的机关；②对《海牙送达公约》第 8 条第 2 款作出保留声明，只有在文书须送达给文书发出国国民时，才能采用领事送达方式在我国境内送达。③反对邮寄送达和个人直接送达。

为了更好地贯彻执行《海牙送达公约》，1992 年 3 月 4 日，我国最高人民法院、外交部、司法部联合发布了《关于执行〈关于向国外送达民事或商事司法文书和司法外文书公约〉有关程序的通知》，就执行该公约中国向外国当事人送达的有关程序规定如下：①我国法院若请求公约成员国向该国公民或第三国公民或无国籍人送达民事或商事司法文书，有关中级人民法院或专门人民法院将请求书和所送司法文书送有关高级人民法院转最高人民法院，由最高人民法院送司法部转送给该国指定的中央机关；必要时，也可由最高人民法院送我国驻该国使馆转送给该国指定的中央机关。②我国法院欲向在公约成员国的中国公民送达民事或商事司法文书，可委托我国驻该国的使、领馆代为送达。委托书和所送司法文书应由有关中级人民法院或专门人民法院送有关高级人民法院转最高人民法院，由最高人民法院径送或经司法部转送我国驻该国使、领馆送达给当事人。送达证明按原途径退有关法院。

为了提高域外送达的效率，从 2003 年开始，最高人民法院指定北京市、上海市、江苏省、浙江省、广东省五个地方的高级人民法院，可以把本院和其下辖的下级法院需要实施域外送达的司法文书直接转送相关缔约国执行司法协助的中央机关。[1]此外，2013年，最高人民法院又发布《关于依据国际公约和双边司法协助条约办理民商事案件司法文书送达和调查取证司法协助请求的规定》及其实施细则，对域外送达中文书的形式要求、审查内容进行了规定。

2. 外国向我国境内的当事人送达的途径

对于外国法院向我国境内的当事人送达司法文书，《民事诉讼法》第293条规定："根据中华人民共和国缔结或者参加的国际条约，或者按照互惠原则，人民法院和外国法院可以相互请求，代为送达文书、调查取证以及进行其他诉讼行为。外国法院请求协助的事项有损于中华人民共和国的主权、安全或者社会公共利益的，人民法院不予执行。"第294条规定："请求和提供司法协助，应当依照中华人民共和国缔结或者参加的国际条约所规定的途径进行；没有条约关系的，通过外交途径进行。外国驻中华人民共和国的使领馆可以向该国公民送达文书和调查取证，但不得违反中华人民共和国的法律，并不得采取强制措施。除前款规定的情况外，未经中华人民共和国主管机关准许，任何外国机关或者个人不得在中华人民共和国领域内送达文书、调查取证。"

同时，依据前述1992年3月4日最高人民法院、外交部、司法部联合发布的《关于执行〈关于向国外送达民事或商事司法文书和司法外文书公约〉有关程序的通知》，关于外国向我国当事人送达的主要内容为：①凡公约成员国驻华使、领馆转送该国法院或其他机关请求我国送达的民事或商事司法文书，应直接送交司法部，由司法部转递给最高人民法院，再由最高人民法院交有关人民法院送达给当事人。送达证明由有关人民法院交最高人民法院退司法部，再由司法部送交该国驻华使、领馆。②凡公约成员国有权送交文书的主管当局或司法助理人员直接送交司法部请求我国送达的民事或商事司法文书，由司法部转递给最高人民法院，再由最高人民法

---

[1] 最高人民法院办公厅《关于指定北京市、上海市、广东省、浙江省、江苏省高级人民法院依据海牙送达公约和海牙取证公约直接向外国中央机关提出和转递司法协助请求和相关材料的通知》。

院交有关人民法院送达给当事人。送达证明由有关人民法院交最高人民法院退司法部，再由司法部送交该国主管当局或司法助理人员。③对公约成员国驻华使、领馆直接向其在华的本国公民送达民事或商事司法文书，如不违反我国法律，可不表示异议。

3. 我国域外送达制度评析

我国域外送达制度尽管"五脏俱全"，但缺乏相对系统、完善的法律规定，导致域外送达司法实践中出现许多问题。从制度层面上看，第一，法出多门，相互之间缺乏连贯性和系统性，使具体操作人员对此类规定无法形成完整系统的认识，同时，也给法规查询带来了很大的困难。第二，法律规定之间，以及我国法律与条约之间存在冲突。例如，我国《民事诉讼法》规定，不能用法律规定的其他方式送达司法文书的，采用公告送达。但我国加入《海牙送达公约》时对第15条第2款作出声明：在符合该款规定的各项条件的情况下，即使未收到任何送达证明，法官仍有权作出判决。因此，在《海牙送达公约》规定无须采用公告送达的前提下，法院进行公告送达是无实际和法律意义的。第三，内容模糊，缺乏可操作性。例如，对送达的期限未作明确规定。第四，域外送达的某些具体程序尚无法律规定，法律适用方面存在空白。例如，在涉外案件中如何适用留置送达以及域外送达的翻译程序和公告媒介的资格并无明确规定。第五，域外送达缺乏系统完整的法律体系。例如，域外送达程序与证据规则之间在多方面存在脱节现象。[1]

2023年《民事诉讼法》关于域外送达的方式，相较于以前的规定，扩大了送达的途径，即该法第283条第6、7、10项规定的三种方式。首先，部分删除了送达对象"须有权接受或有权代其接受送达"的限定，例如向受送达人在本案中委托的诉讼代理人送达。涉外民商事案件的诉讼代理人通常是中国律师，他们在中国执业，通过他们向受送达人进行送达十分便利，并且对诉讼代理人送达也不再要求有当事人授权。其次，增加了向受送达人在中国境内设立的独资企业送达的规定。向受送达人在中国领域内

---

〔1〕　何其生：《域外送达制度研究》，北京大学出版社2006年版，第210~212页。

设立的独资企业、代表机构、分支机构或者有权接受送达的业务代办人送达，这也是在我国境内向域外送达非常便捷和有效的方式。最后，缩短了涉外公告送达的完成时间。将原来《民事诉讼法》规定的"自公告之日起满三个月"修改为"自发出公告之日起，经过六十日"，在缩短公告期限的同时，亦明确了公告送达的起算点。

（二）我国关于域外送达的司法实践

随着我国对外交往日益频繁，涉外纠纷和国外涉及我国当事人的纠纷也相应地增多，我国每年域外送达的总数量呈递增趋势。目前在中国，借助司法部通过条约途径对外进行送达，是涉外诉讼中的主要送达途径。但是，近年来我国域外送达存在的突出问题是送达周期太长，效率低下。据我国学者何其生统计，实践中，至少有30%的案件送达时间在6个月以上，而且这个时间只是在中央机关间传送的时间，还不包括中央机关到承办案件法院的时间。在我国，从司法部至地方法院，这一套程序下来，至少需要23天的时间。此外，尽管送达的文书不少，但实际执行的成功率并不是很高。在中国国内向国外送达的中央机关途径和领事途径中，送达与未送达各占50%，而在国外通过中央机关途径向中国国内的送达中，送达成功的比例不超过40%。[1]此外，在运用邮寄送达方式上，我国《民事诉讼法》规定，如果受送达人允许邮寄送达的，可以采用邮寄送达方式。但在司法实践中，地方法院无从考证哪些国家允许邮寄送达，哪些国家不允许邮寄送达。同时，我国在加入《海牙送达公约》时，对邮寄送达提出保留，不允许外国对我国境内当事人采取邮寄送达方式。对于外国法院通过邮寄方式向我国境内当事人送达司法文书的，我国法院最终都拒绝承认和执行该法院判决。例如，在明斯克自动线生产联合公司申请承认及执行白俄罗斯共和国最高经济法庭判决案中，最高人民法院在复函中认为：白俄罗斯最高经济法庭是通过邮寄方式向我国被执行人中国机床总公司送达判决书，而我国在加入《海牙送达公约》时明确表明不承认外国司法机关通过邮寄途径直接向我国境内当事人送达司法文书，且《中华人民共和国和白俄罗

---

[1] 何其生：《域外送达制度研究》，北京大学出版社2006年版，第6页。

斯共和国关于民事和刑事司法协助的条约》也没有表明白俄罗斯的司法机
关可以通过邮寄方式直接向我国境内当事人送达司法文书，而是规定应该
经双方的中央机关联系，通过相互提供司法协助的方式进行。因此，白俄
罗斯最高经济法庭通过邮寄方式向我国被执行人送达判决的行为，不具有
法律效力，可以认定本案所涉判决并未合法送达给我国相应的当事人。承
认和执行判决的一个必要的前提条件就是判决已经合法送达给相关当事人，
由于白俄罗斯最高经济法庭所作判决未通过合法途径送达我国当事人中国
机床总公司，依照《中华人民共和国和白俄罗斯共和国关于民事和刑事司
法协助的条约》第 21 条第 5 项的规定，应不予承认和执行本案所涉判
决。[1]

　　导致我国域外送达难的原因除了上述制度层面的因素，还包括域外送
达各部门之间的沟通协调不顺畅，我国在域外送达中坚持司法主权观念，
导致送达主体单一、送达方式僵硬，不能有效利用现代信息技术的新成果
等。有学者认为，建立在绝对主权原则基础上的司法主权理论，是引发我
国域外送达难问题的真正根源。[2]在我国，送达是人民法院在审判活动中
的重要职权行为，属于公权力行为，专属于法院，当事人不能替代法院行
使送达权。而在英美法系国家和部分大陆法系国家，送达不涉及国家主权
问题，当事人可以或者应当自行送达或申请法院送达。从功能上说，送达
的基本功能就是告知。通知方将法院、当事人或其他诉讼参与人的意思传
递给受通知方，受通知方因此知悉实体争议的内容及法院的程序安排，得
以及时行使其诉辩权利。因此，在送达领域，可弱化主权色彩，放宽对送
达主体及送达方式的限制。同时，为了提高《海牙送达公约》的利用效率，
我国可适当撤回对该公约的一些保留条款，包括对外交或领事的直接送达、
邮寄送达等的保留等。

---

[1]　最高人民法院［2003］民四他字第 4 号复函。
[2]　向明华："域外'送达难'困局之破解"，载《法学家》2012 年第 6 期。

第三节　域外取证

一、域外取证的概念

域外取证是指一国有关机构或人员，针对本国法院审理的民商事案件在境外提取诉讼证据的行为。国际民商事案件中的域外取证直接关系到法院对案件事实的认定，因此在诉讼中具有重要的意义。比起域外送达，域外取证显得更具有属地性，原则上一国法院是不允许他国任意在其国家境内调取证据的。[1]

由于各国对域外取证的性质以及方式等各方面规定的差异，使得域外取证的国际合作非常重要。在域外取证领域，最重要的国际公约是 1970 年海牙国际私法会议制定的《关于从国外调取民事或商事证据的公约》（即《海牙取证公约》）。

二、《海牙取证公约》

为了统一各国的域外取证制度，海牙国际私法会议于 1970 年 3 月 18 日通过了《海牙取证公约》，截至 2022 年 6 月 17 日，已有中国、澳大利亚、德国等 64 个缔约国。[2] 我国于 1997 年 7 月 3 日决定加入《海牙取证公约》，其于 1998 年 2 月 6 日对我国生效。《海牙取证公约》共 3 章 42 条，对缔约国协助进行域外取证进行了详细规定。

（一）《海牙取证公约》的适用范围

《海牙取证公约》第 1 条对其适用范围作出明确规定。[3]第一，《海牙

---

〔1〕　张仲伯：《国际私法学》（第 2 版），中国政法大学出版社 2007 年版，第 577 页。

〔2〕　海牙国际私法会议网址：www. hcch. net，最后访问日期：2022 年 12 月 8 日。

〔3〕　《海牙取证公约》第 1 条规定："在民事或商事案件中，每一缔约国的司法机关可以根据该国的法律规定，通过请求书的方式，请求另一缔约国主管机关调取证据或履行某些其他司法行为。请求书不得用来调取不打算用于已经开始或即将开始的司法程序的证据。'其他司法行为'一词不包括司法文书的送达或颁发执行判决或裁定的任何决定，或采取临时措施或保全措施的命令。"

取证公约》仅适用于民事或商事案件的取证问题。但《海牙取证公约》并未对"民事或商事"进行明确规定，容易引发争议。第二，《海牙取证公约》仅适用于一国司法机关提出的取证请求，从而排除了行政机关和仲裁机构的协助请求。第三，《海牙取证公约》既可以适用于已经开始的诉讼程序中提出的取证请求，也可以适用于针对尚未开始的诉讼提出的取证请求。第四，《海牙取证公约》所适用的请求限于取证或履行某些其他司法行为，但《海牙取证公约》并未就调查取证的概念和范围作出规定，司法文书的送达、颁发执行判决或裁定的决定以及采取临时措施或保全措施，不应包括在《海牙取证公约》范围之内。

（二）《海牙取证公约》规定的域外取证的途径

《海牙取证公约》的主要贡献是：把请求书取证的方式与外交官员、领事代表、特派员取证方式区分开来，进一步完善原有的请求书制度；扩大领事代表取证的权力；并在有限的基础上引进特派员取证这一新概念，以丰富取证手段；保证各国依其国内法或条约现存的更为优越且限制更少的做法不受影响。[1] 从《海牙取证公约》内容上看，其规定了间接取证与直接取证两种方式，具体包括请求书、外交官员或领事代表取证以及特派员取证三种途径。

1. 请求书（中央机关）取证途径

《海牙取证公约》第一章规定的请求书取证方式不仅是该公约规定的主要取证方式，而且对所有缔约方都具有强制适用的效力，各国均不得减损其义务且不允许作出保留。《海牙取证公约》第1条至第14条对请求书取证方式作出了较为全面的规定，要求各缔约国指定一个中央机关，负责接收其他缔约国司法机关发来的请求书，并转交给本国有关主管机关执行。根据《海牙取证公约》第9条，负责执行请求书的缔约国司法机关应根据其本国法律所规定的方式和程序进行，但是也可以应请求机关的要求，依特殊方式进行，除非该要求与被请求国的法律不相容，或者因被请求国的司法实践和程序或因有实际困难而不能执行。此外，《海牙取证公约》规定

---

[1] 徐宏：《国际民事司法协助》（第2版），武汉大学出版社2006年版，第180页。

被请求国拒绝承认和执行请求书的理由仅限于"该请求书的执行不属于司法机关的职权范围"或者"请求书的执行将会损害其主权和安全",被请求国不得仅以其国内法对诉讼事项由其专属管辖或以其国内法对该事项不准提起诉讼为由拒绝执行。[1]

2. 外交官员和领事代表取证途径

《海牙取证公约》第 15 条对外交官员和领事代表取证途径作出了明确规定。该条规定:"在民事或商事案件中,每一缔约国的外交官员或领事代表在另一缔约国境内其执行职务的区域内,可以向他所代表的国家的国民在不采取强制措施的情况下调取证据,以协助在其代表的国家的法院中进行的诉讼。"按照该规定,外交官员与领事代表取证严格受制于以下条件:①仅限于在驻在国对其本国公民取证;②取证只限于对证人进行讯问,而不扩及于其他司法行为;③取证只能在其执行职务的区域范围内进行;④进行讯问不能采取强制措施;⑤取证只限于正在请求国的法院内进行的民事或商事案件,而不适用于为将来进行的诉讼采取的证据保全。此外,根据《海牙取证公约》第 16 条,外交官员或领事代表对驻在国或第三国人取证,原则上必须先经该驻在国所指定的主管机关的准许,并遵守该机关在准许证中所设定的条件。

3. 特派员取证途径

特派员取证制度主要存在于普通法系国家。由于特派员取证范围比领事代表更广,因此这种方式比较灵活。按照《海牙取证公约》第 17 条,被正式指派的特派员可以在不采取强制措施的情况下在一缔约国境内调取证据,以协助在另一缔约国法院中正在进行的诉讼。特派员取证的条件是:第一,取证地国指定的主管机关已给予一般性或特定案件的许可;第二,特派员遵守主管机关在许可中设定的条件。此外,缔约国也可以声明在无事先许可的情况下由特派员进行取证。从各国实践来看,一些国家,例如葡萄牙、新加坡、丹麦等国完全禁止外国特派员在其境内取证;一些国家,例如法国、荷兰、德国等国要求此种取证需事先取得该国许可;美国则允

---

[1] 《海牙取证公约》第 12 条。

许《海牙取证公约》缔约国的法院特派员在其境内的取证，并不要求事先获得其许可，但对于其他国家的特派员在其境内取证，则要求事先通知美国国务院。我国则对特派员取证作了完全保留。

三、我国的域外取证制度和实践

（一）我国的域外取证制度

我国的域外取证制度，主要规定在我国加入的《海牙取证公约》、双边司法协助条约和《民事诉讼法》中。

我国于 1997 年 7 月 3 日加入《海牙取证公约》，指定司法部为负责接收和转交取证请求的中央机关，同时作出两项保留声明：第一，根据《海牙取证公约》第 23 条，对普通法系国家的"审判前文件披露"制度，我国提出有限保留，仅执行已在请求书中列明并与案件有直接密切联系的文件的调查请求；第二，针对《海牙取证公约》第二章"外交官员、领事代表和特派员取证"的所有规定，我国只承认履行第 15 条有关外交官员或领事代表对其本国人取证的规定。此外，我国与法国、波兰、罗马尼亚、意大利、俄罗斯等国签署的双边司法协助条约均规定有代为调查取证方面的合作和程序。

我国在 2023 年修正《民事诉讼法》时，增加了域外取证的规则。该法第 284 条规定："当事人申请人民法院调查收集的证据位于中华人民共和国领域外，人民法院可以依照证据所在国与中华人民共和国缔结或者共同参加的国际条约中规定的方式，或者通过外交途径调查收集。在所在国法律不禁止的情况下，人民法院可以采用下列方式调查收集：（一）对具有中华人民共和国国籍的当事人、证人，可以委托中华人民共和国驻当事人、证人所在国的使领馆代为取证；（二）经双方当事人同意，通过即时通讯工具取证；（三）以双方当事人同意的其他方式取证。"这一修改，尤其是允许通过即时通讯工具进行域外取证是域外取证方式的重大突破。随着视频通讯的广泛应用，相信通过即时通讯工具进行域外取证会在实践中普遍使用。《民事诉讼法》的修改使得法院域外取证方式更为灵活、便捷、丰富、高效，且有利于提高法院域外调查取证的积极性，进而提升案件审判的公正性。

此外，依照《民事诉讼法》第 293 条的规定，根据我国缔结或参加的国际条约，或者按照互惠原则，人民法院和外国法院可以相互请求，代为调查取证。但不得有损于我国的主权、安全或者社会公共利益。外国驻我国的使领馆可以向该国公民调查取证，但不得违反我国的法律，并不得采取强制措施。未经我国主管机关准许，任何外国机关或者个人不得在我国领域内调查取证。

（二）我国有关域外取证的实践

关于域外取证，根据我国学者对司法部司法协助交流中心取证请求的案件调研统计，我国司法部向外国中央机关转递我国法院提出的取证请求案件比较少，而接收、转递外国向我国司法机关提出的取证请求案件比较多。前者比较少的原因包括：第一，根据 2002 年最高人民法院办公厅《关于指定北京市、上海市、广东省、浙江省、江苏省高级人民法院依据海牙送达公约和海牙取证公约直接向外国中央机关提出和转递司法协助请求和相关材料的通知》的安排，北京市、上海市、广东省、浙江省、江苏省的高级人民法院可以直接向外国中央机关转递本辖区内法院的取证请求，而无须通过司法部转递。第二，一定程度上是由于我国法院利用条约进行域外取证的积极性不高。因此，实践中，司法部处理的域外取证请求主要是接收、转递外国向我国司法机关提出的取证请求。目前，我国民商事域外取证实践中存在的问题主要包括：第一，调查取证的成功率较低。根据学者的统计资料，在外国取证请求的执行率方面，48% 的外国取证请求无法得到我国法院的执行。第二，调查取证的周期长、效率低。将近 30% 的取证请求在 6 个月内完成，用时超过 12 个月的占了近 40%。第三，应用现代信息技术的态度保守。针对外国提出的通过视频或电话会议进行调查取证的请求，我国司法部门均以我国没有关于视频取证的法律规定为由拒绝执行。[1]

----

〔1〕 刘桂强："我国民商事域外取证的司法实践：现状、问题与对策"，载《武大国际法评论》2021 年第 1 期。

例如，2002 年 12 月 14 日，美国伊利诺伊州北部地区法院受理了 Weld-bend Corporation v. Silbo Industries Inc. 案，该案原告诉被告使用虚假原产地证明非法从中国进口并销售碳钢管配件。该案涉及产品的原产地问题，2003 年 3 月 25 日，该地区法院依《海牙取证公约》向我国司法部提出协助调查沈阳某容器厂与被告交易情况以及相关证人证言的请求。在请求书中，该法院法官首先介绍了双方当事人的争讼事实，接着详细列举了请求举证的具体内容，包括但不局限于沈阳某容器厂的合同、发票、信用证、运输单证等进出口文件。请求取证的法官特别指出："本法官认为，根据中国对《海牙取证公约》的声明，上述文件与本案的主体具有直接且密切的联系。故本法官请求，将上述文件通过官方指定的官员交给我院。"此外，请求书请求在中方指定的时间和地点，按照中国法院规定的程序，传唤相关证人，并在证人宣誓的情况下，对证人进行口头调查并录像。请求书还要求取证法院准许该案双方当事人的美国律师出席取证现场。司法部接到请求书后，将其转交最高人民法院。最高人民法院经研究认为，依据《海牙取证公约》的规定，同意美国地方法院的取证请求，并准许双方当事人的代理律师出席取证现场。但是，对于要求证人宣誓、对证人的口头调查以录像方式进行的录证请求予以拒绝，理由是我国尚无有关规定，且无法操作。但是，随着 2023 年《民事诉讼法》的实施，允许采用即时通讯工具进行域外取证将会得到更广泛的使用。

此外，根据我国加入《海牙取证公约》时所作的保留以及我国《民事诉讼法》的规定，未经我国主管机关的准许，外国当事人及其诉讼代理人不得在我国境内自行取证。例如，美国加利福尼亚州中区法院受理了一起破产诉讼，诉讼双方均为外国公司。该案被告为获取有关证据，自行到我国境内向我国的公司和公民进行了取证活动，并由美国领事官员在场目证。为此，我国外交部向美国驻华使馆进行了交涉。后来，原告律师又来华，要求直接取证，并由北京市公证处对证词上的签名予以公证。我国外交部领事司拒绝予以认证，理由是这种取证违反了中国的有关法律。这一未经认证的证词交给美国法院后，由于证明的手续不完备，美国法院通过外交途径要求我国有关法院予以协助，即由我国法院向原作证人宣读由美国律师通过中国律师取得的证词，由原作证人予以确认。我国认为，由于原证词是通过与我国法律相违背的方式取得的，不能再加以确认。如果美国法院需要获取有关证词，应另行提出取证请求，由我国法院重新取证，故将美国法院的请求退回。在该案中，美国法院的这一请求，是美国律师事前在华直接取证行为的延续。而这一行为是被我国法律所禁止的，因此，拒绝美国法院的请求是符合国际法和我国国内法的相关规定的。

可以说，《海牙取证公约》以及双边司法协助条约在我国实践中未能完全发挥其应有的作用。我国将调查取证视为司法职权的理念在一定程度上也制约着域外取证的合作。今后，我国应规范和完善域外取证的框架和机制，在高效便捷原则的指引下简化我国域外取证的程序，从而更好地保护当事人合法权益。

第四节　外国民商事判决的承认与执行

一、概述

外国民商事判决的承认与执行，是指一国法院依据本国立法或者有关国际条约，承认外国法院作出的民商事判决在内国的域外效力，并在必要时依法予以强制执行。[1]一国法院判决的效力，原则上仅限于判决国境内。但为了妥善处理涉外民商事案件，保护当事人正当权益，促进各国间友好关系的发展，各国都在一定条件下承认外国民商事法院判决的效力，并按内国的有关规定予以强制执行。

二、承认与执行外国民商事判决的条件和程序

（一）承认与执行外国民商事判决的条件

各国均要求外国法院判决符合一定条件，才能得到本国法院的承认和执行。这些条件主要包括：

---

〔1〕　黄进主编：《国际私法》（第2版），法律出版社2005年版，第683页。

1. 原判决国法院具有适格的管辖权

具有适格管辖权的外国法院对案件进行管辖，是内国法院承认和执行外国法院判决时进行审查的"第一位"条件或标准，并且也是实践中外国法院判决被拒绝承认和执行的"最常见"依据。[1]当然，如何判断原判决国法院具有适格管辖权，各国做法不太一样。有一些国家，例如德国、英国等国，主张依承认和执行地国法律来确定。也有一些国家，例如日本、西班牙等国规定，只要根据承认和执行地国家的内国法并不排除有关外国法院的管辖权就够了。还有一些国家是依据判决作出国法律来判断其管辖权。

2. 外国法院进行的诉讼程序是公正的

基于对败诉方当事人利益的保护，各国立法和国际条约都规定内国法院在承认和执行外国法院判决时，要求在判决作出的程序中，对败诉一方当事人的诉讼权利提供了充分的保护，否则可以认定有关的诉讼因缺乏公正性而可以拒绝承认和执行其判决。作为败诉方，其诉讼权利可能因以下两种情形而受到损害：其一是未得到合法传唤，从而未能出庭陈述自己的诉讼主张；其二是在无诉讼行为能力时未得到适当代理。

3. 外国法院判决是确定的判决

请求承认和执行的外国法院的判决，必须是已经确定的判决。所谓确定的判决，是指由一国法院或有审判权的其他机关按照其内国法规定的条件，对案件中的程序问题或者实体问题作出的具有约束力，而且已经发生法律效力的判决或者裁定。

4. 外国法院判决必须合法取得

有关国际条约和各国国内法都规定，使用欺骗手段获得的外国法院判决是不能在内国得到承认和执行的。例如，英国法规定，如果外国法院判决是以欺诈方法取得的，则不予登记或撤销登记。

5. 外国法院判决不能与其他有关的法院判决相冲突

各国法律和国际公约都规定，如果外国法院判决与内国法院就同一当

---

〔1〕 钱锋：《外国法院民商事判决承认与执行研究》，中国民主法制出版社 2008 年版，第 27 页。

事人之间的同一争议所作的判决，或与内国法院已经承认的第三国法院就同一当事人之间的同一争议所作的判决相冲突，内国法院可以拒绝承认和执行。此外，如果请求承认和执行外国法院判决的案件，被请求国正在审理，一般情况下也可以拒绝承认和执行该外国法院判决。

6. 承认和执行外国法院判决不违背内国公共秩序

公共秩序保留不仅体现在适用外国法的过程中，同样体现在对外国法院判决和外国仲裁裁决的承认和执行过程中，而且也是当事人常常援引的抗辩依据之一。由于公共秩序的概念过于弹性，因此如何判断被请求承认和执行的外国法院判决是否违背承认和执行地国的公共秩序，带有很大的不确定性。不过，在全球一体化和国际合作成为时代主流的背景下，公共秩序在外国法院判决承认和执行过程中呈日渐式微趋势。各国在承认和执行外国法院判决时，均严格解释和适用公共秩序。

（二）承认与执行外国法院判决的程序

各国在承认和执行外国法院判决的程序上主要有几种类型，包括自动承认程序、执行令程序、重新审理程序、登记执行程序等。

自动承认程序是指对于一定种类的外国民商事判决，只要符合内国法律规定的承认和执行的条件，无须经过认可程序即可获得承认。例如，法国对于有关身份和能力的外国判决，就采用此种程序。

执行令程序是指被请求国法院对申请承认和执行的外国法院判决进行审查，认为符合本国法律或相关国际条约规定的条件的，即由该被请求国法院作出一个裁定，并发出执行令，并按照被请求国法律规定的程序予以执行。

重新审理程序是指被请求国法院并不直接承认和执行外国法院的判决，而是要求当事人以该外国法院判决为依据，在被请求国法院重新提起诉讼，由被请求国法院进行审查，如果被申请执行人提出异议则还要进行审理。被请求国法院如果认为该外国法院判决与本国法律并无抵触，则作出一个与外国法院判决内容相同的判决，并按照本国的执行程序予以执行。

登记执行程序是指被请求国法院在收到当事人的执行申请后，只要查明外国法院判决符合被请求国法律规定的条件，就予以登记，经过登记的外国法院判决就可以得到执行。

三、我国承认和执行外国法院判决的法律依据和司法实践

（一）我国承认和执行外国法院判决的法律依据

我国承认和执行外国法院判决的法律依据主要包括我国《民事诉讼法》及其司法解释、我国签署的双边司法协助条约中关于判决承认和执行的条款。

关于我国法院判决在域外的承认和执行，《民事诉讼法》第 297 条第 1 款规定："人民法院作出的发生法律效力的判决、裁定，如果被执行人或者其财产不在中华人民共和国领域内，当事人请求执行的，可以由当事人直接向有管辖权的外国法院申请承认和执行，也可以由人民法院依照中华人民共和国缔结或者参加的国际条约的规定，或者按照互惠原则，请求外国法院承认和执行。"

对于外国法院判决在我国的承认和执行，《民事诉讼法》第 298 条规定："外国法院作出的发生法律效力的判决、裁定，需要中华人民共和国人民法院承认和执行的，可以由当事人直接向中华人民共和国有管辖权的中级人民法院申请承认和执行，也可以由外国法院依照该国与中华人民共和国缔结或者参加的国际条约的规定，或者按照互惠原则，请求人民法院承认和执行。"同时，《民事诉讼法》第 299 条规定："人民法院对申请或者请求承认和执行的外国法院作出的发生法律效力的判决、裁定，依照中华人民共和国缔结或者参加的国际条约，或者按照互惠原则进行审查后，认为不违反中华人民共和国法律的基本原则且不损害国家主权、安全、社会公共利益的，裁定承认其效力，需要执行的，发出执行令，依照本法的有关规定执行。"2023 年修正的《民事诉讼法》明确增加了我国法院不予承认和执行外国法院判决的条件。该法第 300 条规定："对申请或者请求承认和执行的外国法院作出的发生法律效力的判决、裁定，人民法院经审查，有下列情形之一的，裁定不予承认和执行：（一）依据本法第三百零一条的规定，外国法院对案件无管辖权；（二）被申请人未得到合法传唤或者虽经合法传唤但未获得合理的陈述、辩论机会，或者无诉讼行为能力的当事人未得到适当代理；（三）判决、裁定是通过欺诈方式取得；（四）人民法院已对同一

纠纷作出判决、裁定，或者已经承认第三国法院对同一纠纷作出的判决、裁定；（五）违反中华人民共和国法律的基本原则或者损害国家主权、安全、社会公共利益。"第301条还对我国法院认定外国法院无管辖权的情形进行了规定，包括："（一）外国法院依照其法律对案件没有管辖权，或者虽然依照其法律有管辖权但与案件所涉纠纷无适当联系；（二）违反本法对专属管辖的规定；（三）违反当事人排他性选择法院管辖的协议。"第302条又规定："当事人向人民法院申请承认和执行外国法院作出的发生法律效力的判决、裁定，该判决、裁定涉及的纠纷与人民法院正在审理的纠纷属于同一纠纷的，人民法院可以裁定中止诉讼。外国法院作出的发生法律效力的判决、裁定不符合本法规定的承认条件的，人民法院裁定不予承认和执行，并恢复已经中止的诉讼；符合本法规定的承认条件的，人民法院裁定承认其效力；需要执行的，发出执行令，依照本法的有关规定执行；对已经中止的诉讼，裁定驳回起诉。"此外，我国《企业破产法》第5条第2款也对外国法院的破产判决、裁定在我国的承认和执行作了特别规定："对外国法院作出的发生法律效力的破产案件的判决、裁定，涉及债务人在中华人民共和国领域内的财产，申请或者请求人民法院承认和执行的，人民法院依照中华人民共和国缔结或者参加的国际条约，或者按照互惠原则进行审查，认为不违反中华人民共和国法律的基本原则，不损害国家主权、安全和社会公共利益，不损害中华人民共和国领域内债权人的合法权益的，裁定承认和执行。"

关于双边司法协助条约，我国目前已与30多个国家签署了有关民商事司法协助的双边条约。[1]这些条约对承认和执行的法院判决的范围、程序和条件作了具体和具有可操作性的安排。

（二）我国承认和执行外国法院判决的条件

1. 存在条约或互惠关系

如果我国与判决作出国之间存在双边或多边国际条约，则以条约作为

---

[1] 参见中华人民共和国外交部条约数据库：http://treaty.mfa.gov.cn/，最后访问日期：2022年12月8日。

承认和执行的依据。对于与我国没有条约关系的国家，只有在存在互惠关系的条件下其判决才能被我国承认和执行。

在我国早期的司法实践中，坚持以事实互惠标准判断外国与我国是否存在互惠关系，也即能够得到我国法院承认和执行的外国判决，其作出国在此前曾先行承认和执行过我国法院判决。例如，2012 年申请人萨沙·鲁道夫·塞豪斯（Sascha Rudolf Seehaus）向武汉市中级人民法院申请承认和执行德国蒙塔鲍尔（Montabaur）地方法院裁定，我国法院以互惠原则为依据，承认和执行了德国法院判决。理由是德国柏林高等法院已于 2006 年承认和执行了我国无锡高新技术产业开发区人民法院的裁定。[1]又如，2016年在科玛（Kolmar）申请承认和执行新加坡高等法院判决案中，南京市中级人民法院承认和执行新加坡高等法院的判决，理由是虽然我国尚未与新加坡达成任何双边司法协助条约或国际条约，但新加坡已于 2014 年对我国苏州市中级人民法院的判决予以承认和执行，故依据互惠原则，承认和执行新加坡法院判决。[2]在刘某申请承认和执行美国加州地方法院判决案中，武汉市中级人民法院承认和执行美国法院判决的理由也是 2011 年美国对湖北省高级人民法院的判决予以承认和执行。[3]但是，坚持事实互惠也体现出我国在承认与执行外国法院判决问题上的保守和被动心态，实践中也面临着哪一个国家先迈出第一步的难题。

我国司法部门也意识到事实互惠存在的问题，2015 年 6 月 16 日，最高人民法院发布《关于人民法院为"一带一路"建设提供司法服务和保障的若干意见》，提出："加强与'一带一路'沿线各国的国际司法协助，切实保障中外当事人合法权益。要积极探讨加强区域司法协助，配合有关部门适时推出新型司法协助协定范本，推动缔结双边或者多边司法协助协定，促进沿线各国司法判决的相互承认与执行。要在沿线一些国家尚未与我国缔结司法协助协定的情况下，根据国际司法合作交流意向、对方国家承诺将给予我国司法互惠等情况，可以考虑由我国法院先行给予对方国家当事

---

〔1〕　湖北省武汉市中级人民法院［2012］鄂武汉中民商外初字第 00016 号民事裁定书。
〔2〕　江苏省南京市中级人民法院［2016］苏 01 协外认 3 号民事裁定书。
〔3〕　湖北省武汉市中级人民法院［2015］鄂武汉中民商外初字第 00026 号民事裁定书。

人司法协助，积极促成形成互惠关系，积极倡导并逐步扩大国际司法协助范围。"[1]这是对司法实践中事实互惠的重大突破，即在对方国家与我国尚无相关司法协助条约，亦无承认与执行我国法院判决的情况下，主动给予承认与执行其判决的可能性。2017 年 6 月 8 日，第二届中国—东盟大法官论坛通过《南宁声明》，更加明确提出"推定互惠"。[2]2019 年 12 月 9 日，我国最高人民法院发布《关于人民法院进一步为"一带一路"建设提供司法服务和保障的意见》，进一步明确提出"采取积极举措，便利外国法院民商事判决的承认和执行"以及"采取推定互惠的司法态度，以点带面不断推动国际商事法庭判决的相互承认与执行"。[3]从"事实互惠"到"推定互惠"的转变，体现出我国在承认和执行外国法院判决问题方面变得更加开放和包容。

2. 外国法院具有适格的管辖权

外国法院具有适格的管辖权，是承认和执行外国法院判决的一个必备条件。我国于 2023 年修正的《民事诉讼法》明确规定了此项条件，增设相应的审查标准，有外国法院依照其法律对案件没有管辖权，或者虽然依照其法律有管辖权但与案件所涉纠纷无适当联系；违反《民事诉讼法》对专属管辖的规定；违反当事人排他性选择法院管辖的协议情形之一的，人民法院应当认定外国法院对案件无管辖权。我国对外签署的涉及民商事判决承认和执行的司法协助条约均对该条件进行了规定。例如，《中华人民共和国和匈牙利共和国关于民事和商事司法协助的条约》第 17 条规定："……裁决在下列条件下应予承认与执行……（二）按照被请求在其境内承认与执

---

[1] 参见最高人民法院《关于人民法院为"一带一路"建设提供司法服务和保障的若干意见》第二部分第 6 条规定。

[2]《南宁声明》强调："区域内的跨境交易和投资需要以各国适当的判决的相互承认和执行机制作为其司法保障。在本国国内法允许的范围内，与会各国法院将善意解释国内法，减少不必要的平行诉讼，考虑适当促进各国民商事判决的相互承认和执行。尚未缔结有关外国民商事判决承认和执行国际条约的国家，在承认与执行对方国家民商事判决的司法程序中，如对方国家的法院不存在以互惠为理由拒绝承认和执行本国民商事判决的先例，在本国国内法允许的范围内，即可推定与对方国家之间存在互惠关系。"

[3] 参见最高人民法院《关于人民法院进一步为"一带一路"建设提供司法服务和保障的意见》第 19 条和第 24 条。

行裁决的缔约一方的法律，作出裁决的缔约一方的法院具有管辖权……"
有些的双边司法协助条约还对管辖权进行了明确规定。例如，《中华人民共
和国和阿拉伯埃及共和国关于民事、商事和刑事司法协助的协定》第 22 条
第 1 款规定了具有管辖权的十种情形，包括被告在该方境内有住所或居所；
被告因其商业活动被提起诉讼时，在该方境内设有代表机构；被告已书面
明示接受该方法院的管辖等。第 2 款又对缔约双方的专属管辖权进行了
规定。

3. 外国法院的诉讼程序是公正合法的

2023 年《民事诉讼法》和我国对外签署的双边司法协助条约均把外国
法院的诉讼程序是公正合法的作为承认和执行法院判决的条件之一。例如，
《中华人民共和国和阿拉伯埃及共和国关于民事、商事和刑事司法协助的协
定》第 21 条规定，根据作出裁决的缔约一方的法律，在缺席判决的情况下
败诉一方当事人未经合法传唤，或者在当事人无诉讼行为能力时未得到适
当代理，可拒绝承认和执行法院判决。

我国学者对我国法院 2018 年至 2020 年承认和执行外国法院判决的司法
实践进行统计分析，发现有一些判决是外国法院作出的缺席判决，但均得
到了我国法院的承认和执行。例如，在崔某元案中，被申请承认和执行的
判决为韩国法院经"公示送达"后作出的缺席判决，该判决得到了我国青
岛市中级人民法院的承认和执行。[1] 在温某川案中，裁定书载明"经审查，
上述判决中已明确记载系缺席判决，申请人在美国的委托律师于 2016 年 8
月 26 日办理了判决登记通知手续。因此，对申请人提出的承认和执行美国
法院判决的请求本院予以支持"。[2] 从该案结果可以看出，我国法院并未因
美国等英美法系国家在送达问题上所采取的"投邮主义"与我国的"到达
主义"存在差异而给申请人施以过重的举证责任，而是仅依据被请求国法
律作了形式审查。可以说，在正当程序原则的适用上，我国法院奉行了相

---

〔1〕　山东省青岛市中级人民法院［2018］鲁 02 协外认 6 号民事裁定书。
〔2〕　浙江省宁波市中级人民法院［2018］浙 02 协外认 6 号民事裁定书。

对克制的立场。[1]

4. 外国法院判决已经发生法律效力

能为我国法院承认和执行的外国法院判决必须是终局的，且已经发生法律效力的判决。例如，《中华人民共和国和希腊共和国关于民事和刑事司法协助的协定》第 23 条规定，如果根据提出请求的缔约一方法律，该裁决尚未生效或不能执行，则可拒绝承认和执行该外国法院判决。

在司法实践中，我国法院以外国法院判决不具有终局性拒绝承认和执行外国法院判决。例如，在无锡洛社印染有限公司申请承认和执行美国加州法院判决案中，无锡市中级人民法院拒绝承认和执行美国法院判决的原因是被申请人举证证明了其已针对该判决在美国提起上诉，法院查明，就在无锡市中级人民法院审理该申请承认和执行外国法院判决案件的过程中，针对该一审外国法院判决的上诉案件正在美国法院进行二审审理，因此，被申请承认和执行的外国法院判决不具有程序上的终局性。对此，无锡市中级人民法院在裁定书中还特别指出：如涉案美国法院判决在美国加利福尼亚州法院的上诉程序结束，该外国法院判决具备终局性、确定性，无锡洛社印染有限公司、黄某泽可以再次向有管辖权的人民法院申请承认和执行。[2]

5. 不存在"诉讼竞和"情形

我国于 2023 年修正的《民事诉讼法》第 302 条规定："当事人向人民法院申请承认和执行外国法院作出的发生法律效力的判决、裁定，该判决、裁定涉及的纠纷与人民法院正在审理的纠纷属于同一纠纷的，人民法院可以裁定中止诉讼。外国法院作出的发生法律效力的判决、裁定不符合本法规定的承认条件的，人民法院裁定不予承认和执行，并恢复已经中止的诉讼；符合本法规定的承认条件的，人民法院裁定承认其效力；需要执行的，发出执行令，依照本法的有关规定执行；对已经中止的诉讼，裁定驳回起诉。"

---

[1] 刘敬东、张灿："我国承认与执行外国法院生效判决的实证研究——基于对 2018 年至 2020 年人民法院典型案例的分析"，载《海峡法学》2021 年第 3 期。

[2] 江苏省无锡市中级人民法院［2017］苏 02 协外认 1 号民事裁定书。

在我国签署的双边司法协助条约中，一般也都规定，如果被请求的缔约一方法院对于相同当事人之间关于同一标的的案件已经作出了生效裁决，或者已经承认了第三国对该案件作出的生效裁决，则可以拒绝承认和执行该外国法院判决。也有的双边司法协助条约更进一步规定，如果被请求的缔约一方的法院对于相同当事人之间就同一标的和同一事实的案件正在进行审理，且这一审理是先于提出请求的缔约一方法院开始的，也可以拒绝承认和执行该外国法院判决。[1]在司法实践中，例如在 Americhip 公司申请承认和执行新西兰高等法院判决案中，深圳市中级人民法院驳回当事人申请的理由是申请人已基于同一争议向我国深圳前海合作区人民法院提起诉讼。[2]

6. 承认和执行外国法院判决不违反我国公共秩序

承认和执行外国法院判决不得违反我国法律的基本原则，或者不危害我国国家主权、安全和社会公共利益。这也是我国在承认和执行外国法院判决时的一个必备条件。但也正如前述对公共政策的解释，其含义具有很大的不确定性。我国在司法实践中，均严格限制公共政策的含义，很少以公共政策为由拒绝承认和执行外国法院判决。

---

[1]　《中华人民共和国和希腊共和国关于民事和刑事司法协助的协定》第 23 条第 5 款。
[2]　广东省深圳市中级人民法院［2018］粤 03 民初 420 号民事裁定书。

我国国际商事争议解决机制的新发展 ▶▶▶▶

第一节　我国域外法律查明路径研究
——以北京市涉外商事审判中的域外法律查明为视角[1]

一、域外法查明的概念

域外法的查明，在英美法系国家一般被称为"外国法的证明"（proof of foreign law），在大陆法系国家，又被称为"外国法内容的确定"（establishment of the content of foreign law），是国际私法中特有的一项制度，也是涉外民商事案件审判中非常重要的一个环节。域外法的查明，不仅包括对外国法律的查明，也包括对一国之内不同法域的法律查明。

狭义的观点认为，域外法的查明是指一国法院在审理涉外民商事案件时，如果依本国的冲突规范应适用某一外国实体法，如何查明该外国法关于这一特定问题的规定的问题。[2]域外法律查明不仅是我国涉外民商事审判实践中制约审判效率的"瓶颈"之一，也是影响我国司法公信力的重要因素，对我国建设国际商事争议解决中心具有重要的影响。从广义的角度看，域外法的查明绝不仅仅只是审理涉外民商事案件的司法机关和仲裁机构才会遇到的法律问题。只要存在涉外民商事交往和经贸投资合作，就一定会涉及域外法的查明问题。例如，从事对外贸易和投资的企业需要查明域外合同法、知识产权法、公司并购、金融监管等法律法规，只有了解其

---

[1]　本节内容系在笔者承担的北京市法学会2020年一般项目《北京市在国际交往背景下的域外法律查明路径研究》咨询报告基础上修改而成。

[2]　黄进主编：《国际私法》，法律出版社1999年版，第273页。

他国家的法律，企业才能够准确地判断和控制法律风险，合规运营。因此，域外法查明制度的完善不仅是回应涉外商事活动主体的需求，而且有助于国家构建开放、包容的国际化和法治化营商环境。正如深圳前海合作区人民法院院长闻长智所说："域外法律适用机制是国际通行的衡量法治水平的重要指标。商事主体参与贸易或投资活动，最为期待的是能够选择自己熟悉的法律，受到平等保护，对纠纷解决有预判，这直接影响到一个地区的投资贸易吸引力。"[1]然而，查明域外法绝非易事，不仅耗时费力，而且由于缺乏有效的查明途径，使得很多情况下域外法的查明无疾而终，这不仅使得涉外民商事案件的审判进程受到阻滞，而且许多本应适用域外法的案件由于无法查明域外法而最终适用法院地法，使得这一制度广受诟病。因此，在国际交往日趋频繁的时代背景下，如何建立高效便捷的域外法查明途径，为有域外法查明需求的机构或当事人服务，是域外法查明制度中重要的内容。

二、我国域外法查明路径的法律规定及司法实践

（一）我国域外法查明路径的法律规定及不足

传统的国际私法理论主要探讨法院在审理涉外民商事案件应适用的法律为域外法时，法官或当事人在查明域外法问题上的责任分配和查明途径，以及无法查明域外法时，如何适用法律的问题。一般来说，各国关于域外法的查明途径主要包括：法官查明、当事人查明、法律专家查明、外交或领事途径查明、互联网途径查明等。不同的国家由于法律传统的不同，往往采用上述方法中的一种或几种。

1.《涉外民事关系法律适用法》及司法解释关于域外法查明的规定

我国关于涉外民商事审判中域外法的查明问题，在《涉外民事关系法律适用法》颁布之前，1988 年最高人民法院印发的《关于贯彻执行〈中华人民共和国民法通则〉若干问题的意见（试行）》（以下简称《民法通则

---

〔1〕 闻长智："适用香港法裁判的'一带一路'效应（上）"，载《人民法院报》2017 年 8 月 11 日。

司法解释》)[1]和 2007 年最高人民法院颁布的《关于审理涉外民事或商事合同纠纷案件法律适用若干问题的规定》[2]对域外法的查明途径和查明责任予以规定。但这些规定并不严谨,在查明域外法的理论和涉外民商事审判实践中争议比较大。例如,五种查明途径是否已经穷尽了所有的域外法查明路径?五种查明途径是否存在优先顺序?是否必须在穷尽了五种途径仍不能查明域外法时,才能认定为域外法无法查明?

2010 年颁布的《涉外民事关系法律适用法》第 10 条规定:"涉外民事关系适用的外国法律,由人民法院、仲裁机构或者行政机关查明。当事人选择适用外国法律的,应当提供该国法律。不能查明外国法律或者该国法律没有规定的,适用中华人民共和国法律。"该条的规定非常简单,实际上只涉及外国法查明的责任分配和外国法无法查明时的法律适用,虽然在一定程度上解决了《民法通则司法解释》关于当事人与人民法院查明外国法责任分配不明晰的问题,但对外国法的查明途径则付之阙如。随后,2012 年颁布的《涉外民事关系法律适用法司法解释(一)》只是对如何认定"不能查明外国法律",以及人民法院应当听取当事人对应当适用的外国法律内容及其理解与适用的意见进行了规定。[3]

2016 年 12 月 30 日,最高人民法院发布《关于为自由贸易试验区建设提供司法保障的意见》,其第 11 条规定:"建立合理的外国法查明机制。人民法院审理的涉自贸试验区的涉外民商事案件,当事人约定适用外国法律,在人民法院指定的合理期限内无正当理由未提供该外国法律或者该国法律没有规定的,适用中华人民共和国法律;人民法院了解查明途径的,可以告知当事人。当事人不能提供,按照我国参加的国际条约规定的途径亦不能查明的外国法律,可在一审开庭审理之前由当事人共同指定专家提供。根据冲突规范应当适用外国法的,人民法院应当依职权查明外国法。"该条

---

[1] 参见最高人民法院《关于贯彻执行〈中华人民共和国民法通则〉若干问题的意见(试行)》第 193 条。

[2] 参见 2007 年最高人民法院《关于审理涉外民事或商事合同纠纷案件法律适用若干问题的规定》第 9 条和第 10 条。

[3] 参见 2007 年最高人民法院《关于适用〈中华人民共和国涉外民事关系法律适用法〉若干问题的解释(一)》第 17 条和第 18 条。

进一步明确了何为"外国法无法查明"的情形以及专家提供外国法的途径，但对其他域外法的查明途径缺乏细致而全面的规定。

2. 中国国际商事法庭关于域外法查明的规定

为更好地服务和保障"一带一路"建设，2018 年，最高人民法院决定设立国际商事法庭，并在《关于设立国际商事法庭若干问题的规定》第 8 条中规定："国际商事法庭审理案件应当适用域外法律时，可以通过下列途径查明：（一）由当事人提供；（二）由中外法律专家提供；（三）由法律查明服务机构提供；（四）由国际商事专家委员提供；（五）由与我国订立司法协助协定的缔约对方的中央机关提供；（六）由我国驻该国使领馆提供；（七）由该国驻我国使馆提供；（八）其他合理途径。通过上述途径提供的域外法律资料以及专家意见，应当依照法律规定在法庭上出示，并充分听取各方当事人的意见。"上述规定主要是针对国际商事法庭审理涉外商事案件时查明域外法途径的规定，在《民法通则司法解释》规定的原有五种途径基础上，增加了由法律查明服务机构提供和国际商事专家委员提供两个新途径，扩宽了域外法查明的途径，增强了域外法查明和适用的可能性和准确性。[1]

2019 年，最高人民法院颁布《关于人民法院进一步为"一带一路"建设提供司法服务和保障的意见》，其第 17 条规定，整合域外法查明中心、研究基地等资源，构建统一的域外法查明平台。积极发挥国际商事专家委员会作用，探索多渠道准确查明适用外国法。该规定对我国域外法查明制度的构建和完善具有重要的指导意义。

3. 我国关于域外法查明规定的不足

《涉外民事关系法律适用法》及其司法解释在域外法律查明问题上，规定过于简单，虽然解决了域外法查明责任的相互推诿和"域外法无法查明"条款的滥用问题，但并没有对域外法查明的途径和方法进行规定。同时，我国现行立法也反映出在域外法查明问题上，查明责任和查明方法经常被混淆。查明责任应该是"谁来查外国法"的问题，查明方法和途径是"如

---

〔1〕　卜璐："'一带一路'背景下我国国际商事法庭的运行"，载《求是学刊》2018 年第 5 期。

何查域外法"的问题。"法院查明""当事人应当提供域外法"等类似的表述实际上规定的是域外法查明责任的分配,而非域外法查明的方法和途径。

在域外法查明的立法技术方面,现行碎片化的立法使得查明主体、查明途径、查明责任分配等方面几经变更、前后不一,难以有效作为裁判的依据;在立法内容方面,相关法律与司法解释均未对域外法的信息来源、辅助资料之地位、专家及其意见的标准与参与程度、域外法解释路径与标准、域外法效力认定与无法查明时的法官自由裁量权规制、适用错误的救济等重要技术问题作出明确规定。[1]

(二)我国域外法律查明路径的司法实践及存在的困境

1. 当事人和法律专家提供是查明域外法的主要途径

在我国司法实践中,人民法院较多使用当事人提供域外法和中外法律专家提供域外法这两种途径。例如,宁波海事法院对 2011 年至 2018 年适用域外法的案件进行统计,绝大多数案件都是由当事人提供域外法,也有个别案件中法官主动查明域外法。[2]由行政机关查明域外法的途径几乎从未在实践中使用过,主要原因是,该查明途径在实践中操作性不强,出于审判效率等因素考虑,法院几乎不会要求行政机关查明域外法。[3]

2019 年 11 月 29 日,最高人民法院联合中国政法大学外国法查明研究中心、华东政法大学外国法查明研究中心、蓝海法律查明和商事调解中心、西南政法大学中国—东盟法律研究中心、武汉大学外国法查明研究中心建立域外法查明平台,并在国际商事法庭网站上启动,标志着全国法院域外法查明统一平台的正式建立。该平台面向有域外法查明需求的人民法院、案件当事人及代理律师、从事国际贸易和投资的企业,以及其他机构开放。该平台提供的域外法查明服务包括"专家委员查明"和"专业机构查明"。统一平台的建立对提升我国域外法查明的质量和效率,具有极大的促进作

---

〔1〕 马明飞、蔡斯扬:"'一带一路'倡议下外国法查明制度的完善",载《法学》2018 年第 3 期。

〔2〕 参见浙江省宁波海事法院〔2013〕甬海法商初字第 635 号、第 636 号民事判决书。法院主动查明日本商法和海上货物运输法的内容。

〔3〕 胡建新等:"关于外国法查明及适用问题的调查分析——以宁波海事法院审判实践为例",载《中国海商法研究》2019 年第 1 期。

用。目前，在涉外民商事审判司法实践中，上述法律查明服务机构提供域外法的案件逐渐增多。

2. 其他查明途径过于原则且缺乏具体的国内实施机制

现行立法和司法解释规定的域外法查明的其他途径，包括与我国订立司法协助的缔约对方的中央机关提供、我国驻外国使领馆提供、外国驻我国使领馆提供，这些在实践中很少使用，也难以操作。主要原因在于：我国对外缔结的司法协助条约对于缔约双方提供法律资料一般仅作原则性规定。例如，《中华人民共和国和大韩民国关于民事和商事司法协助的条约》第26条规定："提供法律资料或司法记录　一、被请求方的中央机关应当根据请求，向请求方中央机关提供与请求方诉讼有关的法律、法规及司法实践资料。二、被请求方的中央机关应当根据请求，向请求方中央机关提供其可公开获得的与请求方国民有关的诉讼的司法记录摘要。"至于如何启动中央机关提供域外法这一途径，缺乏具体可操作的国内机制，致使这一途径难以得到有效利用。[1]此外，要想准确查明案件审理中所需要的域外法，必须对案件的基本情况有所了解，而这样的要求对我国驻外领事馆、外国驻我国的使领馆和与我国订立司法协助协定的缔约对方的司法机关来说比较困难，其不可能了解每一个需要查明域外法的案件的基本情况，因此，在实践中，使领馆途径的使用基本上是以使领馆认证的形式出现。[2]

3. 域外法查明途径的程序规则不完善

在域外法查明途径问题上，国外一直存在着英美法系的"事实说"传统和大陆法系的"法律说"传统，但二者的分歧也逐渐呈现出融合的趋势。一般来说，在英美法系国家，传统上域外法应像事实一样被当事人证明，例如，通过专家证人证明，法官很少会指定专家来进行域外法的查明，域外法的查明要遵守事实证明的一般证据规则。在大陆法系国家，例如，德国将域外法视作法律，因此大多不承认通过证人证明域外法，因为证人只

---

〔1〕　詹思敏、侯向磊："域外法查明的若干基本问题探讨"，载广东省高级人民法院编：《中国涉外商事审判热点问题探析》，法律出版社2004年版，第118页。

〔2〕　郭玉军："论外国法的查明与适用"，载武汉大学法学院：《珞珈法学论坛》（第6卷），武汉大学出版社2007年版，第245~250页。

能证明事实,法官更习惯指定专家来为其提供域外法信息。在美国,域外法被视为特殊的事实,因此专家证人在查明域外法时仍具有重要作用,但同时也强调域外法的查明无须受一般证据规则的约束。[1]

因此,在域外法查明的途径方面,各国都有其特定的程序规则,并且往往区分当事人自主查明、法官自主查明、委托专家查明和外交途径查明等不同的查明途径,规定不同的程序规则。

在我国立法和司法解释中,并没有明确规定各种不同的域外法查明途径所要求的程序规则。例如,当事人自行收集域外法过程中的各环节有何形式要求、对法律专家的身份资格认定要求、专家意见书的形式要件和内容的认定要求、对专家意见书是否适用证据审查程序等问题,各级法院存在矛盾的做法。例如,有些案件中法院要求专家意见书必须经公证认证程序才予以采纳[2],而有些案件法院并无公证认证程序要求[3]。立法的缺失和司法实践的矛盾做法不仅有悖保障当事人权益的司法目标,而且也有损我国司法机关的公信力与国际形象。

三、北京市涉外商事审判中关于域外法查明的司法实践及特点

(一) 北京市涉外商事审判中域外法查明的代表性案例

截至 2021 年 2 月 1 日,以"涉外民事关系法律适用法"为关键词在中国裁判文书网进行检索,北京市各级法院共审理涉外民商事案件 1487 件,尽管这些案件并非自《涉外民事关系法律适用法》实施以来北京市各级法院所审理的全部涉外民商事案件,但也能够管中窥豹,从上述判决中总结出北京市各级法院关于域外法适用和查明的一般做法。在搜索案例过程中,以"涉外民事关系法律适用法第十条"为关键词进行检索,只检索到 3 个

---

〔1〕 肖芳:《论外国法的查明——中国法视角下的比较法研究》,北京大学出版社 2010 年版,第 81~82 页。

〔2〕 例如常融有限责任公司与第一产物有限责任公司合同纠纷案,见上海海事法院〔2013〕沪海法商初字第 1633 号民事判决书。

〔3〕 例如大宇造船和海事工程有限责任公司诉荣耀高端有限责任公司案,见厦门海事法院〔2014〕厦海法确字第 1 号民事判决书。

案件（见下图中的序号 1、2 和 3 案例）。可以明显看出，在涉外民商事审判实践中法官对域外法查明问题的忽视。但是，通过对其他涉外民商事案件判决的检索，尽管在判决中没有援引《涉外民事关系法律适用法》第 10 条的规定，但因为也涉及域外法的适用问题，在审判中也需要通过各种途径查明域外法。

北京市各级法院涉外商事审判中适用和查明域外法的代表性案例

序号	案由 审理法院 案号	有无约定适用的法律	判决适用法律	判决中载明适用法律的理由	判决中载明查明域外法的途径和法院的认定结果
1	中国趋势控股有限公司等与马某虎等联营合同纠纷案 北京市高级人民法院 〔2020〕京民终 205 号	合同约定适用香港特别行政区法律	中国法律	原告未在法院指定期限内提供香港特别行政区法律，且同意适用中国法律，被告未到庭提出异议，故适用中国法律	原告未提供香港特别行政区法律
2	北京颖泰嘉和生物科技股份有限公司与美国百瑞德公司居间合同纠纷案 北京市海淀区人民法院 〔2015〕海民（商）初字第 11214 号	合同未约定适用的法律	分别适用美国法律和中国法律	适用美国公司法判定当事人权利能力和行为能力的理由：被告注册地在美国； 适用中国法律判定当事人实体权利义务的理由：被告没有提供有效的美国法律或判例导致人民法院无法查明适用该案的美国法律或判例，法院依最密切联系原则，认定合同最密切联系地为中国	在诉讼期间，原告主张适用中国法律，被告主张适用美国法律，并提供了《美国代理法重述》、美国特拉华州最高法院和密歇根州法院的判决和意见书、J. 丹尼斯·海因斯著的《代理、合伙和有限责任公司》一书节选，但未得到法院采纳

序号	案由 审理法院 案号	有无约定适用的法律	判决适用法律	判决中载明适用法律的理由	判决中载明查明域外法的途径和法院的认定结果
3	Eagle Ride Investments Limited 与朱某源借款合同纠纷案 北京市西城区人民法院 [2015] 西民（商）初字第24006号	合同约定适用香港特别行政区法律	适用香港特别行政区法律	当事人约定适用香港特别行政区法律	原告提供香港特别行政区律师行出具的法律意见书，被告未答辩。同时经法院审查，原告提供的香港特别行政区法律并无不当之处且亦经司法部委托香港特别行政区律师办理内地使用的工作文书转递专用章盖章确认，法院采纳该法律意见书
4	浙江中泰创展企业管理有限公司与城启投资有限公司等保证合同纠纷案 北京市第四中级人民法院 [2019] 京04民初627号	合同未约定适用的法律	适用香港特别行政区法律	当事人在法庭辩论终结前协议选择适用香港特别行政区法律	一方当事人委托香港特别行政区律师行出具法律意见书，另一方当事人委托深圳市蓝海法律查明和商事调解中心出具法律意见，该中心又委托某香港特别行政区律师事务所出具法律意见，法院结合两个意见书的内容进行认定
5	国家开发银行香港分行与杨某夫等借款合同纠纷案 北京市高级人民法院 [2016] 京民初57号	贷款协议约定适用香港特别行政区法律；抵押合同等约定适用中国法律	分别适用香港特别行政区法律和中国法律	当事人在合同中分别约定适用香港特别行政区法律和中国法律	一方当事人委托香港特别行政区律师出具法律意见书，另一方当事人予以认可

续表

序号	案由 审理法院 案号	有无约定适用的法律	判决适用法律	判决中载明适用法律的理由	判决中载明查明域外法的途径和法院的认定结果
6	国家开发银行与金某东等金融借款合同纠纷案 北京市高级人民法院 〔2017〕京民初23号	合同未约定适用的法律	适用俄罗斯联邦法律	《涉外民事关系法律适用法》第40条规定："权利质权，适用质权设立地法律。"	法官直接适用《俄罗斯联邦担保法》和《俄罗斯联邦民法典》的规定，未说明查明域外法的途径和方法
7	天威新能源控股有限公司法律服务合同纠纷案 北京市高级人民法院 〔2014〕高民（商）初字第04917号	合同未约定适用的法律	适用美国法律	依据最密切联系原则	双方当事人均聘请专家证人就美国法律发表法律意见，法院裁定，对于美国法律的内容及其理解与适用无异议的，法院予以确认，有异议的，法院进行审查认定

　　除了涉外商事案件，笔者还检索了大量的北京市各级法院所审理的涉外侵权案件、涉外物权案件和涉外婚姻家庭案件。可以看出：第一，北京市各级法院适用域外法主要集中于涉外合同和涉外婚姻家庭纠纷中。通过笔者的案例检索，在北京市各级法院所审理的28件涉外侵权纠纷案件中，只有一件航空运输人身损害纠纷案件，法院适用了《蒙特利尔公约》，[1]其他涉外侵权案件均适用中国法律。此外，在43件涉外物权纠纷案件中，无一案件适用域外法，全部适用法院地法即中国法律。第二，北京市各级法

─────────────

〔1〕　例如卡塔尔航空集团公司与赵某等航空运输人身损害责任纠纷案，见北京市第三中级人民法院〔2020〕京03民终5683号民事判决书。

院查明域外法的途径主要包括当事人提供域外法和法院主动查明域外法，前者又包括了当事人自己提供域外法条文、当事人委托域外法查明中心提供查明报告、当事人委托专家提供域外法法律意见。第三，法院很少在判决中阐述未采纳域外法的理由，大多以"未向本院提供应适用的域外法"作为当事人未提供域外法的表述，没有进一步的说明。

有学者曾对中国法院 2011 年至 2014 年适用域外法的案件进行分析，总结出案件的审理呈现出有适用条文之名却无适用效果之实、有未提供之表述却无解释理由之阐明、有简单笼统之说明却无实质内容之论证、有多渠道查明途径却过分依赖当事人查明等适用特点。[1]通过笔者对北京市各级法院 2011 年至 2020 年所审理的涉外民商事案件中适用域外法的案件的分析，可以看出，同样的问题依然存在，并无明显改进之处。

（二）北京市涉外商事审判中域外法适用及查明路径的特点及存在的问题

1. 法官在涉外民事案件中普遍回避域外法查明问题，但在涉外商事案件中持积极态度

我国学者批评道，我国在司法实践中，对域外法的适用普遍采取消极态度，法官总是刻意回避域外法的适用，从而避免对域外法进行查明。在涉外民商事案件审判中，查明并最终适用域外法的比例极低。例如，有学者运用北大法宝数据库，以"法律适用法"为关键词，选取 2011 年 4 月 1 日至 2015 年 9 月 30 日，中国法院审理的涉外、涉港澳台民事案件 1476 件，其中适用域外法（包括国际公约、国际惯例、国别法、我国香港及澳门特别行政区法律、我国台湾地区有关规定）的案件仅 91 件，占比 6%。[2]又如，在宁波两级法院 2013 年至 2015 年三年期间以判决方式结案的 124 件一审涉外商事案件中，以域外法作为准据法并据之裁判的案件仅有 5 件，其余 119 件均以我国法律作为准据法。[3]

---

〔1〕 林燕萍、黄艳如："外国法为何难以查明——基于《涉外民事关系法律适用法》第 10 条的实证分析"，载《法学》2014 年第 10 期。

〔2〕 王徽、沈伟："论外国法查明制度失灵的症结及改进路径——以实证与法经济学研究为视角"，载《国际商务（对外经济贸易大学学报）》2016 年第 5 期。

〔3〕 参见《2013—2015 年宁波法院涉外商事审判白皮书》。

笔者通过中国裁判文书网对北京市各级法院审理的涉外民商事案件进行统计及梳理和分析，发现在涉外民事案件中，法官对域外法适用相对持消极回避态度，或者在判决书中鲜有提及域外法的适用问题，或者通过对冲突规范中连接点的认定和解释，将冲突规范指向的准据法认定为中国法律，从而回避域外法的适用和查明问题。例如，在涉外婚姻家庭、继承、抚养、监护权等纠纷中，法院通过对"共同经常居所地""有利于弱者权益""有利于保护被抚养人权益"等连接点的解释，[1]将准据法认定为中国法律，从而避免域外法的适用与查明问题。

但是在涉外商事案件审理中，法官普遍持积极态度，并未消极回避域外法的适用问题。并且，在涉外商事案件中，当事人大多在合同中已经就法律适用问题作出约定，在案件审理中，当事人也会通过各种途径向法院提供域外法的内容。在当事人没有就法律适用问题进行约定时，法官依据我国的冲突规则应适用的准据法是域外法时，法官也会通过各种途径查明域外法的内容。

2. 域外法查明主要采用当事人查明和法官查明两种途径

在涉外商事审判中，适用域外法的途径包括当事人查明和法官查明两种途径，而对于其他查明域外法的途径几乎未采用。

（1）当事人查明域外法内容。

在涉外合同纠纷中，因当事人在涉外合同中经常约定适用域外法，因此，法院通常要求当事人提供约定的域外法的内容，如果当事人未在规定期限内提供，法院就适用中国法律作为准据法。例如，在前述序号案例1中国趋势控股有限公司等与马某虎等联营合同纠纷案、案例3 Eagle Ride Investments Limited 与朱某源借款合同纠纷案、案例5 国家开发银行香港分行与杨某夫等借款合同纠纷案中，北京市各级法院均要求当事人查明域外法内容。

在司法实践中，当事人查明域外法时主要采取三种方式，即当事人自己提供域外法条文或公开出版物、当事人委托专家主要是域外执业律师出

---

〔1〕 例如 L 某、J 某与李某抚养费纠纷案，北京市房山区人民法院［2014］房民初字第 12322 号民事判决书认定：本案中被告李某 2 系我国国籍，其在我国境内有房产，为保障未成年人利益，本案应适用我国法律。

具法律意见书、当事人委托域外法查明中心提供域外法查明报告。但是，由于现行立法并未对当事人提供的域外法的形式要件进行规定，例如是否必须经过公证、认证手续，以及究竟要符合怎样的形式要件才能为法院所采纳，因此，在司法实践中，我国法院有不同的处理方式。从北京市各级法院的司法实践做法来看，其普遍采取较宽松的方式，并未对当事人提供域外法的形式要件采取过多限制。

第一，当事人自己提供域外法条文或公开出版物。

当事人查明域外法的第一种方式，即当事人自己提供域外法条文或公开出版物。例如，在涉外合同纠纷案件，即序号案例 3 Eagle Ride Investments Limited 与朱某源借款合同纠纷案中，北京市西城区人民法院认定：当事人在合同中约定适用香港特别行政区法律，原告提供的香港特别行政区相关法律规定并无不当之处且亦经中华人民共和国司法部委托香港律师办理内地使用的公证文书转递专用章盖章确认，故本院认定本案应适用香港特别行政区法律。[1]在司法实践中，当事人自己提供域外法条文也是一种比较常见的查明域外法的途径。但是，由于当事人受制于专业水平，其很难在规定的时间内提供准确的域外法的内容，因此，在司法实践中，当事人查明更多情况下是委托法律专家查明域外法。

第二，当事人委托专家出具法律意见书。

当事人查明域外法的第二种方式，即当事人委托专家主要是域外执业律师出具法律意见书。在司法实践中，对于当事人而言，委托专家查明是查明域外法的最便捷、最务实的途径。但是，由于对专家身份的认定缺乏统一的标准，在司法实践中对律师，尤其是外国执业律师，所出具的法律意见书是否认可，法院存在不同的做法。

从北京市各级法院的司法实践做法来看，对专家查明这种途径采取比较宽松的做法，对专家身份并未作严格限制。例如，在序号案例 5 国家开发银行香港分行与杨某夫等借款合同纠纷案中，北京市高级人民法院认定：本案中，因《贷款协议》《自然人保证协议》《国家开发银行股份有限公司

---

[1] 北京市西城区人民法院［2015］西民（商）初字第 24006 号民事判决书。

美元资金贷款保证合同》约定适用香港特别行政区法律。在本案审理中，国家开发银行香港分行提交了香港特别行政区罗敏聪执业大律师出具的《香港法律意见书》。经本院组织质证，被告对国家开发银行香港分行提供的香港特别行政区法律的适用予以认可。[1]此外，在序号案例7天威新能源控股有限公司法律服务合同纠纷案中，美国当事人向法院提供了纽约州律师协会会长出具的《第375号道德意见书》、密歇根大学法学院教授出具的美国关于公司并购的法律规定和《美国案例汇编》中关于公司并购的判例，并得到法院采纳。[2]

当事人委托专家证人出具法律意见书，虽然是查明域外法的最便捷的途径，但也存在一定的问题。例如，一方面，委托专家查明域外法需要耗费一定的金钱和时间，增加当事人的诉讼成本。另一方面，当事人聘请的专家证人出具的法律意见书可能缺乏中立性，容易引起利益冲突问题。

第三，当事人委托域外法查明中心提供域外法查明报告。

当事人查明域外法的第三种方式，即当事人委托域外法查明中心提供域外法查明报告。在北京市各级法院所审理的涉外案件中，法院认可了深圳市蓝海法律查明和商事调解中心委托香港律师事务所出具的法律意见书。例如，在序号案例4浙江中泰创展企业管理有限公司与城启投资有限公司等保证合同纠纷案中，一方当事人浙江中泰创展企业管理有限公司委托芦贵平律师行发表香港特别行政区法律查明的意见，另一方当事人城启投资有限公司委托深圳市蓝海法律查明和商事调解中心发表香港特别行政区法律查明的意见，胡百全律师事务所受该中心聘请和委托出具法律意见书。但在庭审中，一方当事人提出，芦贵平律师行不具有域外法律查明服务机构资格，其不属于国际商事法庭域外法律查明平台所公布的五家专业法律查明机构，其出具的法律意见书不具有法律查明效力。对此意见，法院认定：二被告所引的五家法律查明机构系最高人民法院为方便各方查明域外法而对外公布，并不表明仅有此五家机构可以查明域外法。法院结合两个法律

---

〔1〕　北京市高级人民法院［2016］京民初57号民事判决书。

〔2〕　北京市高级人民法院［2014］高民（商）初字第04917号民事判决书。

意见书对本案中的保证书的效力进行认定。[1]

随着最高人民法院域外法查明平台的建立和运行，由法律查明服务机构，包括深圳市蓝海法律查明和商事调解中心、华东政法大学外国法查明研究中心等机构，查明域外法的案件会越来越多。

（2）法官查明域外法的途径。

在涉外合同纠纷中，除了当事人查明域外法这种途径外，在有些案件中，法官主动查明域外法的内容。例如，在序号案例6国家开发银行与金某东等金融借款合同纠纷案中，北京市高级人民法院认定："根据《涉外民事关系法律适用法》第四十条的规定：权利质权，适用质权设立地法律。故本案中关于该股权质押法律关系的认定应适用俄罗斯联邦相关法律。依据《俄罗斯联邦担保法》第十一条第三款的规定……本案所涉股权在俄罗斯相关部门办理了质押登记，应认定为有效设立。"[2]

法官查明域外法有其优势。法官一般均受过良好的法学教育，尤其是审理涉外案件的法官一般都具有一定的比较法知识，即使没有专门接受过外国法教育，对域外法也具有不同于其他领域的认知能力。但法官查明域外法也有一定的局限性。法官虽然是法律专家，但未必是某一特定国家或地区的域外法专家。随着涉外民商事争议中涉及的域外国家越来越多，法官也不可能对所有涉及的国家和地区以及所有领域的法律，都有所了解并熟练运用。

3. 法院判决中很少阐述未采纳当事人所提供域外法的理由

在北京市各级法院所审理的涉外合同案件中，有一些案件本应适用域外法作为准据法，当事人也提供了域外法的内容，但是，并未得到法院采纳，法院在判决书中也仅仅作"当事人未向本院提供约定的域外法"的表述，而没有进一步阐述为何不采纳域外法的理由。

例如，在序号案例2北京颖泰嘉和生物科技股份有限公司与美国百瑞德公司居间合同纠纷案中，一审法院在判决中指出："原告选择适用美国德拉

---

〔1〕 北京市第四中级人民法院［2019］京04民初627号民事判决书。

〔2〕 北京市高级人民法院［2017］京民初23号民事判决书。

瓦州法律，并提供了《美国代理法重述》、美国特拉华州最高法院 WARDM.
CANADAY 诉 MILLARBRAINARD，JR.，MillarBrainard 遗产的附有遗嘱的后
任遗产管理人和 SAMUELVANCE，JR. 的案件判决书、美国密歇根州南部东
区地区法院 ROBERTSASSOCIATES，INC.，和 v. BLAZER INTERNATIONAL
CORPORATION 案件中的意见书、J. 丹尼斯·海因斯著的《代理、合伙和
有限责任公司》一书节选。由于原告没有提供有效的美国法律或判例，导
致人民法院无法查明适用本案的美国法律或判例，又由于原告是在我国注
册登记的公司，原被告之间最能体现履行合同特征的是原告住所地的法律，
故处理本案争议所适用的准据法为中国法律和司法解释。"[1]

四、完善域外法查明路径的建议

（一）积极扩展域外法查明的民间途径

如前所述，通过国家间签订司法协助条约的方式查明域外法，存在很
大的局限性。因此，域外法的查明必须扩展更多的民间途径。事实上，早
在 2005 年，最高人民法院印发的《第二次全国涉外商事海事审判工作会议
纪要》就曾规定：当事人可以通过法律专家、法律服务机构、行业自律性
组织、国际组织、互联网等途径提供相关外国法律的成文法或者判例，亦
可同时提供相关的法律著述、法律介绍资料、专家意见书等。[2]

司法实践中，2014 年以后我国开始探索利用高校教学和科研资源建立
域外法查明机构，例如在中国政法大学、武汉大学、华东政法大学等院校
成立外国法查明研究中心。这些外国法查明机构的设立，有效弥补了查明
域外法的国际司法协助机制的局限和不足，为法院查明域外法开辟了新的
途径。同时，这些机构也可面向有域外法查明需求的单位和个人，为其提
供有针对性的域外法查明服务。2018 年 6 月成立的最高人民法院国际商
事法庭，在域外法查明问题上大胆改革创新，不仅引入了通过法律查明服
务机构和国际商事专家委员查明域外法的新途径，而且通过认可民间查明

---

[1]　北京市海淀区人民法院〔2015〕海民（商）初字第 11214 号民事裁定书。
[2]　2005 年最高人民法院《第二次全国涉外商事海事审判工作会议纪要》第 51 条。

机制及拓展专家查明的国际资源，大大提升了域外法查明的灵活性和可靠性。[1]

我国目前的域外法查明机构主要是采取法院与高校合作的模式，例如上海市法院与华东政法大学合作设立外国法查明研究中心等。这种模式有其显著优点，可以有效利用高校教师和科研人员对域外法研究的优势，专业化程度较高。但是，这种模式也有其局限性，高校教师和科研人员对域外法的国别研究范围可能受制于自己的专业范围和语言局限，其不可能对所有国别的域外法有专门研究，也不可能时时跟踪域外法的修改。因此，域外法查明机构的设置上，不能仅仅局限于法院与高校合作设立的模式，还应扩展至其他的模式，包括设立域外法研究的学术性研究机构或其他非营利性组织。例如，在域外国家，除了政府机构外，各国法学院校、研究机构等也进行了大量的法律收集、整理和翻译工作。例如，加拿大法律信息研究所收集整理加拿大立法机构、司法部和法院等政府机构发布的法律信息。亚洲法律信息研究所、英联邦法律信息研究所、世界法律信息研究所和全球法律信息网，均收集和提供相关国家和地区的法律、判例法和法律文献。又如，德国马普协会外国及国际私法研究所、瑞士比较法研究所、伦敦大学高级法律研究所、康奈尔大学法律图书馆等法律专业研究机构，不仅进行法律信息收集和整理工作，而且还可以提供域外法的查明服务。

在中国，成立于 2014 年的深圳市蓝海法律查明和商事调解中心是独立运行的非营利组织，也是全国首家查明域外法的实务机构，被最高人民法院授予"港澳台和外国法律查明基地"。通过平台化、专家库的方式，蓝海法律查明和商事调解中心为社会各界提供包括法律查明、商事调解、中立评估、法律数据信息、智库研究等综合性的法律服务。目前，蓝海法律查明和商事调解中心与域内外 161 个法律机构建立了合作，入库的个人专家达到 2300 多位，蓝海法律查明和商事调解中心对专家实行标签化管理，可以针对客户的需求，高效、精准地整合域内外法律资源。截至 2021 年 4 月份，

---

〔1〕 邓杰："我国外国法查明的实践困境与破解路径——基于 43 个海事案例的实证分析"，载《江西社会科学》2021 年第 2 期。

其接受委托，查明包括美国、英国、波兰在内的 107 个国家和地区的法律，既包括中国对外投资的热点国家和地区，也包括非热点国家和地区，查明域外法涉及的法律领域包括域外婚姻家事法、外商投资、知识产权法、海关法、金融法、证券法、信托和遗产法、行政法规、兼并和收购、刑法等。在实践中，其不仅为广东省境内的法院提供域外法查明服务，还为陕西省、湖北省、广西壮族自治区、四川省、浙江省、北京市等地的人民法院提供域外法查明服务。[1]

为了拓宽域外法查明的途径，我国应鼓励组建类似德国马普协会外国及国际私法研究所和瑞士比较法研究所这样的域外法研究机构，或者组建类似深圳市蓝海现代法律服务发展中心这样的法律服务机构，扩大域外法查明途径，为各级法院和有域外法查明需求的社会主体提供独立第三方的法律查明服务。

（二）整合域外法查明资源，搭建信息共享平台

2019 年最高人民法院《关于人民法院进一步为"一带一路"建设提供司法服务和保障的意见》第 17 条规定，整合域外法查明中心、研究基地等资源，构建统一的域外法查明平台。积极发挥国际商事专家委员会作用，探索多渠道准确查明适用外国法。2019 年 11 月，最高人民法院联合中国政法大学外国法查明研究中心等五家机构建立域外法查明平台，并在国际商事法庭网站上启动。这是最高人民法院整合域外法查明资源的重要一步。

在我国，除了专门的法学院校和科研院所，还有众多从事涉外业务的律师事务所、从事外贸和对外投资的大型企业，这些机构的教学科研人员、律师以及企业法务人员对不同国别的域外法均有所研究，有些律师事务所和企业已翻译或出版域外法的相关资料。例如，中国的对外投资企业在国外运营时，为减少运营法律风险，都非常重视合规经营，在当地运营的子公司不仅聘请东道国的律师提供法律服务，而且非常重视培养了解和熟悉东道国法律的中国法务人员。子公司的中国法务人员对东道国的法律，包

---

[1]　深圳蓝海外国法查明和商事调解中心介绍：http://cicc.court.gov.cn/html/1/218/347/327/338/index.html，最后访问日期：2023 年 2 月 20 日。

括投资法、劳动法、环境保护法、进出口法、税法、矿产法等内容非常熟悉和了解。此外，据北京市律协统计，共有 36 家北京市律师事务所通过直投、联营、合作、联盟等方式设立了 231 个境外分支机构。未来，将会有更多的中国律师事务所"走出去"。例如由北京德恒律师事务所倡议，联合中国五矿化工进出口商会、意大利 CBA 律师事务所、奥地利 Wolf Theiss 律师事务所、哈萨克斯坦国际商会等国内外组织和商会共同发起创立的"一带一路"服务机制，该机制下设有域外法查明机构，并且已在广州等地开展域外法的查明工作。

随着我国企业对外投资目的国的增多，对这些域外国家法律的了解也将更加全面，域外国家覆盖面也更加广泛。如果这些查明域外法的资源能够共享，可以大大节省域外法查明的成本，有效提高域外法查明的效率。因此，我国可以考虑整合上述域外法查明资源，包括法学院校、科研院所、律师事务所、大型企业等社会资源，搭建信息共享的域外法查明平台，这也是突破我国域外法查明困境的有效方式之一。

（三）构建域外法查明的专家制度

实践中，当事人查明域外法是常见的途径之一。但是，受专业水平、经济实力等因素限制，当事人亲自查明域外法非常困难，故当事人查明更多的是委托专家查明。如何构建专家查明这一制度，包括专家资格的认定、查明的程序、查明内容的质证程序等，以保证专家查明域外法的专业性、独立性和中立性，也是域外法查明制度建设中需要重点考虑的问题之一。

1. 域外法专家资格认定

在域外法专家的资格认定方面，我国国内有些法院以专家身份无法认定为由否定专家意见。但事实上，专家只是对具有一定专业知识和技能的人的称谓，并无具体、明确的标准，应当以动态、灵活的观念来认定专家身份。因此，在域外法专家资格的认定方面，不应狭隘地以学历、职称等指标严格限定，而应着重根据专家的职业经历、实践经验等内容判定其是否是某一域外法的专家。对域外法专家的遴选，也不应局限于中国域内专家或学者，国内外执业的律师、跨国企业的法务工作者、国际机构的负责人都可以作为域外法专家。例如，中国国际商事法庭可以通过专家委员提供域外法，2018 年聘请了来自 14 个国家和地区的 31 位第一批国际商事专家委员，2020 年又聘请了 24 名专家委员，包括 13 名境外专家。这些国际商事专家委员来自不同的国家和地区，均为在国际上具有较高影响力的国际贸易、国际投资领域的专家。

在域外法专家资格认定上，不应对专家资格作过多的硬性要求，这样才能广纳人才，扩宽域外法查明的领域。在审判实践中，法官指定的域外法专家资格要求应当与当事人自己委托的专家资格要求同等对待，法官也可以就专家资格征求当事人的意见，或者当事人也可以推荐熟悉某一域外法的专家。指定域外法专家时，要着重看案件类型或需要查明的域外法内容与专家的专业技能的匹配度等事项。一旦某人被指定为在某一案件中担任专家证人或需要其提供专家意见书，其应签署无利益冲突声明。

2. 专家意见书的形式审查

在专家意见书的形式审查程序方面，是否必须履行公证、认证手续，现行法律和司法解释并无明确规定，在司法实践中，则有不同做法。笔者认为，在域外法查明制度构建中，对专家意见书的认定不应作公证认证手续的要求。实践中有些法院要求域外法专家意见书必须经过公证和认证手续，主要是将其作为域外证据进行审查。但是，域外法专家意见书是载明审判时应适用的域外法的内容及其适用意见，其与一般的证据在本质上是有区别的，不应适用证据审查原则。2019 年最高人民法院《关于民事诉讼证据的若干规定》第 16 条对域外形成的证据是否涉及身份关系区别对待，对不涉及身份关系的证据并不需要认证手续。另外，认证也仅能证明公证是真实合法的，其并不能保障法律专家意见书的内容真实性和有效性，要求公证和认证手续反倒是拖延了域外法查明的时间，降低了域外法查明的效率。在诉讼中，只要有足够的资料能够证明域外法的内容是真实和有效的，法院就应对专家意见书的效力予以确认。如果双方当事人对域外法的内容有异议，法院应当在听取双方当事人意见后，依据相关材料进行认定。

3. 专家意见书的内容要求

在专家意见书的内容方面，由于现行法律并未作出明确规定，标准的缺失给当事人带来一定的困扰，并造成司法实践中对某域外法的专家意见书是否采纳的不确定性。因此，应对专家意见书必须包含的内容作出规定。一份有效的域外法专家意见书至少应包括受委托事项、域外法的内容（例如相关的法律条文、司法判例等）、查明方法和途径、域外法有效性的证明、专家关于域外法适用的意见等内容。除了以上必备内容，专家意见书也可以附上相关法学教材或其他证明资料等作为补充。

（四）加强区际法律查明，建立域外法数据库和案例库

1. 加强区际法律查明，建立区际法律信息交换机制

实践中，我国法院所审理的涉外案件中有很大部分是涉港澳台的民商事案件。有些法院在涉港澳台案件中简单参照域外法查明的规则。但是，与域外各国相比，香港、澳门和台湾都是中国同一主权下不同的法域，查明港澳台法律过程中的语言障碍要明显小于其他域外法，而且港澳与内地、台湾与大陆的地缘联系和交流紧密程度使得查明港澳台法律要更容易和方便些。因此，港澳台法律的查明不能完全适用一般的域外法的查明规则。

对港澳台法律的查明，首先要提高法官的司法认知能力，对港澳台法律的查明上更加强调法官的勤勉职责，其次要完善各种法律查明途径。例如，以我国正在建设的粤港澳大湾区为契机，建立内地与港澳法律服务沟通协调机制和交流合作平台，包括建立涉港澳台法律查明中心或法律信息在线交换机制等，可以有效拓展和便利港澳台法律的查明。

2. 定期梳理同一国别的常规化法律问题

通过对我国法院审理的涉外案件的分析，可以发现在司法实践中经常面临同一国别或地区的常规法律问题，例如司法实践中也经常涉及美国合同法、我国香港地区公司法的相关规定。因此，对于这些在司法实践中反复出现的同一国别或地区的常规法律问题，可以对其分类总结，通过典型案例、指导性案例等方式予以归纳，为今后处理同类案件查明域外法提供方便。例如，在深圳前海合作区人民法院所审理的香港某金融公司诉香港某贸易公司等融资租赁合同纠纷案中，法院除了适用法律专家针对本案出具的法律查明意见，还直接引用了该院另案已经生效的调解书中已经查明的香港特别行政区有关法律。

3. 建立域外法数据库和案例库

2023 年 2 月中共中央办公厅、国务院办公厅印发的《关于加强新时代法学教育和法学理论研究的意见》指出：完善外国法查明机制，推进世界主要国家法律法规数据库建设，注重组织搜集筛选、翻译国外法律信息资料。

随着实践中查明域外法需求的增多，以及需要查明的域外法范围的扩大，我国应考虑建立域外法数据库和案例库，并及时补充和更新其内容。在建设步骤上，数据库建设初期可重点组织人员翻译、收集和整理我国法院审判中适用较多的国家或地区的法律，例如英美合同法、我国香港地区公司法等规定，成熟后可以将域外法的范围再扩展至"一带一路"沿线国家的法律及我国外贸和投资主要流向国，域外法内容包括合同法、金融监管、投资法、证券法等。

在域外法数据库建设方面，最高人民法院域外法查明平台下设有"法律查明资源库"栏目，建立了保函国别报告、不可抗力国别报告和法律查明案例库，刊登涉及域外法查明的裁判文书。例如，为了应对国际疫情对涉外民商事审判带来的挑战，帮助我国司法机关、企业了解世界各国关于"不可抗力"的法律规定和相关案例，加强风险研判，提前谋划应对措施，国际商事法庭协调指导域外法查明机构以及部分国际商事专家委员就 60 多个国家和地区以及国际公约、国际惯例中涉及不可抗力等法律规则和相关案例进行梳理汇总，形成研究报告。此外，在国际商事法庭网站，还刊登了不同国家和地区的保函报告，系统梳理了保函的国别基本情况、司法和监管、保函实务、特殊保函条款和风控建议，为我国企业、银行、法院等机构提供国别保函实务参照。截至 2023 年 3 月 1 日，"法律查明资源库"栏目刊登了 25 篇国家和地区关于保函的风控研究报告、7 篇有关各国和地区关于不可抗力制度的研究报告、52 篇涉外域外法查明和适用的判决和裁定。[1]

域外法数据库和案例库的建立，将有效提升域外法来源的权威性和针

---

[1]　参见最高人民法院国际商事法庭域外法查明平台：http://cicc.court.gov.cn/html/1/218/347/，最后访问日期：2023 年 3 月 15 日。

对性。在建设途径上，首先，要充分发挥现有的域外法查明的各种资源的最大效用，例如对于已出版的域外法资源、司法实践中已查明的域外法、涉外律师事务所和对外投资企业在日常业务中所查明的域外法，以及域外法查明研究中心所查明的域外法资源进行整合利用。其次，在建设域外法数据库和案例库过程中，要善于利用互联网途径和法律服务数据库（例如 Lexis 和 Westlaw 等数据库）查明域外法。

互联网途径相比其他传统途径，具有速度快、费用低等特点，而且资源非常丰富。随着信息技术的发展，越来越多的国家建立法律信息系统，在线发布本国的法律信息。例如，奥地利总理府建立的法律信息系统，免费提供奥地利联邦法律、州法律和奥地利各法院的判例法以及部分法律的英文翻译。一些政府间的国际组织也建立有收集和整理成员方法律信息的平台。例如，欧盟的 Eur-Lex/N-Lex 提供欧盟以及成员国的法律信息。法语国家组织也建立有法语国家的法律信息门户网站，提供成员方的法律信息数据库的链接。2002 年，有一些法律信息机构在加拿大发表了"自由获取法律信息宣言"（Declaration on Free Access to Law），并发起"自由获取法律信息运动"（The Free Access to Law Movement），提供并支持公众免费获取公共法律资讯，主张在互联网上刊载公共法律资讯，提供免费、全面及不记名的渠道让公众浏览资讯。[1]除了这些非营利的组织，一些收费的法律服务数据库也提供域外法信息。例如，Lexis 和 Westlaw 数据库中不仅有各国成文法规定和判决文书，通过检索均能搜到相关立法和判例，而且还有学者的期刊论文，可以作为域外法内容的辅助参考资料。我国可组织相关人员通过互联网途径查明和翻译我国企业和司法机关实践中需求最多的域外法内容，逐渐建立和完善我国的域外法资源数据库。

第二节　我国国际商事法庭创设和运作的思考

2018 年 1 月 23 日，中央全面深化改革领导小组会议审议通过了《关于

---

[1]　参见自由获取法律信息运动网站：http://www.fatlm.org/，最后访问日期：2023 年 3 月 1 日。

建立"一带一路"国际商事争端解决机制和机构的意见》。该意见提出设立国际商事法庭的构想。2018 年 6 月 29 日，最高人民法院第一国际商事法庭、第二国际商事法庭分别在深圳市和西安市揭牌成立。国际商事法庭自成立以来，不仅建立了相关的配套规则和机制，而且正式开庭审理了案件。截至 2022 年 11 月，其受理了 27 件案件，审结 11 件，案件涉及美国、意大利、泰国、日本等多个国家以及我国香港地区的当事人，多起案件公开开庭审理，引起国内外广泛关注。我国国际商事法庭的成立，一方面吸收了域外国家国际商事法庭设立的有益经验，另一方面又根植于中国具体国情和现有司法制度。但作为一新生事物，如何提升我国国际商事法庭的影响力，吸引更多当事人到我国国际商事法庭解决争议，这些均需要进一步的思考。[1]

一、我国设立国际商事法庭的必要性和重要意义

（一）为"一带一路"建设提供司法服务和保障

自中国政府 2013 年提出"一带一路"倡议以来，已得到世界上 140 多个国家、地区和国际组织的积极响应，有力推动了世界贸易和投资的自由化、便利化。随着"一带一路"倡议的推进和深化，我国人民法院受理的国际贸易、国际工程承包、国际物流等跨境商事纠纷不断增加。2013 年至 2022 年 6 月，我国各级法院审结一审涉外民商事和海事案件 29.5 万件。但与此同时，涉外商事诉讼中仍不同程度存在文书送达周期长、涉外证据公证认证程序繁琐等问题。此外，多元化纠纷解决机制的优势在国际商事争议领域也没有得到充分发挥。因此，非常有必要建立一套公平、公正、合理的国际商事争端解决机制，为国际商事纠纷的解决提供更加高效、便利、快捷、低成本的方案，从而更好地服务于"一带一路"建设。

（二）提升我国在国际商事纠纷解决领域的主动权和话语权

近年来，许多国家通过制定或修改立法，纷纷设立本国的国际商事法

---

[1] 本节内容最初发表于《对外经贸》2020 年第 10 期，收录于本书时，略有修改。

院或法庭。[1]例如，2004 年，阿联酋设立迪拜国际金融中心（DIFC）法院；2015 年，新加坡设立国际商事法庭（SICC）；法国、荷兰、哈萨克斯坦、比利时也陆续设立了国际商事法庭。1895 年设立的英国伦敦商事法庭于 2017 年更名为英格兰及威尔士商事与财产法院，主要负责审理涉外民商事案件，其审理的 80% 以上的案件中至少一方当事人是外国当事人。[2] 2018 年 4 月，德国拟在全国中级以上法院设立国际商事审判庭。

各国设立国际商事法庭的背景和目的不尽相同，其具体的设置和规则也各有侧重。但总体而言，各国的主要考量都在于为国际商事纠纷解决提供更好的司法资源，争取国际商事争端解决话语权，力争使本国成为地区乃至世界司法服务中心。我国最高人民法院设立国际商事法庭，也是为了更好地参与国际商事争议解决服务的竞争，提升中国司法的主动权和国际话语权。同时，我国设立国际商事法庭，也考虑到"走出去"中国企业的纠纷解决需求，力求为中国企业提供一个高效且低成本、规则有别于英美法系的国际商事争端机制。

二、我国国际商事法庭的机制创新

（一）"三位一体"的"一站式"国际商事纠纷解决平台

最高人民法院一直致力于支持包括调解、仲裁在内的多元化纠纷解决机制的发展和完善。除组建国际商事专家委员会外，最高人民法院还选定了若干国际商事调解机构和仲裁机构，与国际商事法庭共同构建国际商事纠纷多元化解决机制。2018 年 8 月，国际商事专家委员会聘请来自 14 个国家和地区的 31 位专家为当事人提供调解等服务；2020 年 12 月，又增聘 24 名国际商事专家委员。这些专家委员来自不同国家和地区、不同法系，均

---

　　〔1〕　Denise H Wong，"The rise of the international commercial court：what is it and will it work?"，*Civil Justice Quarterly*，2014. 33（2），pp. 205，206~207；D. P. Horigan，"From Abu Dhabi to Singapore：The Rise of International Commercial Courts"，*International Journal of Humanities and Management Sciences*，2015，3（2），p. 78.

　　〔2〕　Marilyn Warren AC，Hon. J. Clyde Croft，"An International Commercial for Australia：Looking beyond the New York Convention"，*13 April Supreme Court of Victoria*，17（2016）.

是国际贸易、投资和法律领域具有公认影响力的专家学者，充分展现了专家委员会的专业性和国际性等特点。此外，中国国际经济贸易仲裁委员会等五家国际商事仲裁机构和两家国际商事调解机构也被纳入首批"一站式"多元化纠纷解决机制中。2022 年 6 月，又将广州仲裁委员会、上海仲裁委员会、香港国际仲裁中心等仲裁机构纳入"一站式"多元化解决机制。2021 年 7 月，最高人民法院"一站式"国际商事纠纷多样化解决平台上线启动，完成平台各系统打通，为中外当事人提供立案、调解、证据交换、开庭等纠纷解决全流程的线上办理。

（二）国际商事案件管辖权制度的创新

按照最高人民法院《关于设立国际商事法庭若干问题的规定》（以下简称《规定》），国际商事法庭仅受理平等商事主体之间在贸易、投资等领域产生的争议，不受理国家与国家之间的投资、贸易争端，也不受理投资者与东道国之间的国际投资争端。此外，对"国际"含义的界定，《规定》与《涉外民事关系法律适用法司法解释（一）》对"涉外民事关系"的界定基本一致，仅删去"可以认定为涉外民事关系的其他情形"这一兜底条款。这种封闭式的立法规定反映出《规定》制定者在国际商事法庭初创阶段对管辖权问题的谨慎态度。[1]在管辖的案件类型上，《规定》第 2 条规定了国际商事法庭主要受理五种特定类型的国际商事案件，包括当事人协议选择最高人民法院管辖且标的额为人民币 3 亿元以上的第一审国际商事案件；高级人民法院对其所管辖的第一审国际商事案件，认为需要由最高人民法院审理并获准许的；在全国有重大影响的第一审国际商事案件；依照《规定》第 14 条申请仲裁保全、申请撤销或者执行国际商事仲裁裁决的；最高人民法院认为应当由国际商事法庭审理的其他国际商事案件。

国际商事法庭通过协议管辖、移送管辖、提级管辖等制度，主要受理重大、疑难复杂的国际商事案件，而非统一受理所有的国际商事案件。这种创新的制度设计同时也保证了现行管辖权制度的稳定性。

---

[1] 石静霞、董暖："我国国际商事法庭的若干核心问题"，载《西安交通大学学报（社会科学版）》2019 年第 3 期。

（三）诉讼程序中的机制创新

《规定》从便利诉讼的角度出发，对国际商事法庭诉讼程序中的证据制度、外国法查明等问题进行有益的尝试和改革。在证据制度方面，创新主要体现在：第一，明确对域外证据不做公证认证的强制性要求；第二，英文证据材料经对方当事人同意的，可以不提交中文翻译件；第三，国际商事法庭调查收集证据以及组织质证，可以采用视听传输技术及其他信息网络方式。在外国法查明方面，《规定》第8条除了规定由当事人提供、由中外法律专家提供、由与我国订立司法协助协定的缔约对方的中央机关提供、由我国驻该国使领馆提供、由该国驻我国使馆提供这些传统的外国法查明途径之外，增加了由法律查明服务机构提供、由国际商事专家委员提供的途径，并对其他能够查明外国法的合理途径例如互联网查明等方式作了开放式的规定。在裁判文书说理方面，《规定》首次明确，合议庭少数意见可以在裁判文书中载明。这体现了公平公开公正原则，有利于强化说理，增强裁判的公信力。

三、我国国际商事法庭与域外国际商事法庭的比较研究

（一）定位上的差异

目前国际上至少有10个新发展起来的国际商事法庭，这些国际商事法庭在定位上存在着差异。例如，迪拜国际金融中心（DIFC）法院主要面对海湾地区和地中海地区国家。据DIFC法院纠纷解决委员会首席执行官马克·比尔（Mark Beer）介绍，2015年中东和北非地区52%的英语商业合同选择伦敦作为争端解决地，到2016年底，这一比例降至25%，转而选择DIFC法院的比例则上升至42%。[1]荷兰国际商事法庭则是在英国脱欧之后，旨在鼓励商人去荷兰解决商事争议而设立的。法国巴黎上诉法院国际商事法庭也是在英国脱欧之后为吸引商人到法国解决国际商事争议而设立的。争夺英国脱欧之后伦敦法律服务市场可能流失的业务是法国、荷兰等欧洲国家

---

〔1〕 程慧芳编译："迪拜国际金融中心法院纠纷解决委员会首席执行官介绍迪拜未来的法院"，载《世界司法信息化研究专刊》2018年第4期。

纷纷设立国际商事法庭的直接原因之一。新加坡国际商事法庭设立的初衷，根据委员会的报告，主要是给激增的亚洲地区跨境投资和贸易提供中立的商事纠纷解决服务。[1]新加坡国际商事法庭的设计理念是寻求一种既不同于传统国际商事诉讼程序，也不同于新加坡国际仲裁中心的国际商事纠纷解决的新路径。其目标是建立一个为国际商事纠纷当事人提供优质高效法律服务的、没有国界的国际商事法庭。[2]

可以看出，这些不同的国际商事法庭主要为本地区商事争端的解决提供法律服务，在吸引商人到商事法庭解决纠纷方面采取了不同的策略。当然，不同的国际商事法庭的竞争可以促使各国的国际商事法庭采取更便利当事人诉讼的程序和规则，也能更好地回应当事人的诉求。

（二）协议管辖权制度上的差异

按照《规定》第2条，如果是当事人协议选择我国国际商事法庭管辖的案件，必须符合《民事诉讼法》规定。如前所述，2023年之前的《民事诉讼法》要求当事人只能选择与争议有实际联系的地点的人民法院管辖，而2023年《民事诉讼法》在涉外案件的协议管辖方面，则取消了实际联系的要求。纵观域外的国际商事法庭，均不要求所管辖的案件必须与本国有联系。例如，迪拜国际金融中心法院不仅对金融中心内所有民商事纠纷享有专属管辖权，还可以基于当事人书面协议选择法院条款享有管辖权，即使案件与迪拜国际金融中心没有任何联系，只要求书面形式和选择是明确、具体的。[3]新加坡国际商事法庭审理的案件主要来源于当事人的书面协议管辖和新加坡高等法院的移送，也没有要求争议必须与新加坡有实际联系。荷兰国际商事法庭对协议管辖也没有国籍和其他联系要求，并且认为这对于外国当事人寻求中立法院解决其商事争议更具有吸引力。同样地，阿斯塔纳国际金融中心法院也没有实际联系要求。

---

〔1〕　The Report of the Singapore International Commercial Court Committee，2015.

〔2〕　赵蕾、葛黄斌："新加坡国际商事法庭的运行与发展"，载《人民法院报》2017年7月7日。

〔3〕　Article 5（A）（2）of Dubai Law No. 12 of 2004：Any civil or commercial claims or actions where the parties agree in writing to file such claim or action with it whether before or after the dispute arises，provided that such agreement is made pursuant to specific，clear and express provisions.

各国国际商事法庭在管辖权制度上开放性的规定可以吸引更多的当事人，经济动力驱使着各国法院积极向外扩展案件来源。我国国际商事法庭尚处于创设初期。从长远来看，我国要想建成国际争端解决中心，应当赋予国际商事法庭受理国际商事案件广泛的管辖权。

（三）诉讼程序国际化特征方面的差异

由于国际商事法庭的国际化，其必须采取一套比较国际化的诉讼程序。在证据规则、审理所使用的语言、法官选任的条件、是否允许外国律师出庭和当事人上诉等问题上，各国国际商事法庭不仅施行一套与国内诉讼规则不同的程序规则，而且各国国际商事法庭的诉讼规则也存在很大的差异。

1. 证据规则方面

在国际民商事诉讼中，域外证据的公证和认证手续繁琐，甚至成为拖延整个诉讼进程的重要环节，也增加了当事人的诉讼成本和支出。根据最高人民法院《关于民事诉讼证据的若干规定》第 16 条和第 17 条的规定，域外证据应当经过公证和认证程序，当事人向人民法院提供外文书证或者外文说明资料，应当附有中文译本。但中国国际商事法庭在证据规则方面，明确对域外证据取消公证和认证的要求，外文证据可以不提交中文翻译件。新加坡国际商事法庭不受新加坡证据规则的约束，并且可依当事人的申请适用其他证据规则。《荷兰国际商事法庭程序规则》规定，当事人可以法语、德语、英语或荷兰语的形式提交证据，以节省时间和翻译费用。证据规则的简便可以更方便当事人参与国际商事诉讼，并节省诉讼成本。

2. 审理所使用的语言

在国际商业实践中，英语无疑是通用语言。国际商业合同通常用英语起草。但在国际诉讼中，当事人可能被迫要求采用法院地国家语言进行诉讼，而这一语言可能是他们所不熟悉的。从域外各国国际商事法庭的诉讼规则看，其普遍规定可以英文为诉讼程序语言并允许法庭以英文作出判决。例如，《荷兰国际商事法庭程序规则》规定英文为诉讼程序语言并允许法庭以英文作出判决。但是，如果当事方一致请求以荷兰语进行庭审，法庭可以准许当事方的请求。布鲁塞尔国际商事法庭和新加坡国际商事法庭也规定可以使用英语进行审理并制作判决书。中国国际商事法庭仅仅在法官的选任上要求能够同时熟练运用中文和英文作为工作语言，并未规定可以采用英语庭审。采用英语作为庭审语言并制作判决书，无疑可以吸引更多的外国商人选择到这些国际商事法庭起诉，也将对这些国家打造国际法律服务中心和商务中心起到积极的促进作用。

3. 法官的选任条件

各国国际商事法庭在法官的选任上都秉持特别严格的要求，国际化、专业化、精英化特色鲜明。[1]中国国际商事法庭法官的选任条件为，具有丰富的审判工作经验，熟悉国际条约、国际惯例以及国际贸易投资实务，能够同时熟练运用中文和英文作为工作语言的资深法官。可见，我国并未突破《法官法》对法官任职条件的规定。荷兰国际商事法庭的法官选任标准包括：在私法领域具有较高的专业水平，特别是公司法、保险法、银行和金融法、知识产权法或其他相关专业；具有较高的法律英语听、说水平；具备处理大标的额、复杂的国际贸易纠纷的能力、熟悉掌握美国和英国程序法规则；熟悉国际商法，但法官必须具有荷兰国籍。与此相反的是，有些国家的国际商事法庭对法官的国籍没有限制。例如，迪拜国际金融中心法院和新加坡国际商事法庭，均通过修改法律，引入外籍法官。新加坡国际商事法庭的外籍法官，分别来自中国、美国、澳大利亚、法国、英国、日本等，均为享誉国际的国际贸易和投资方面的法律专家。2023 年，我国最高人民法院退休法官张勇建被任命为新加坡国际商事法庭的外籍法官。

4. 是否允许外国律师代理

为维护本国的司法主权，各国一般都不允许外国律师在本国代理诉讼活动。但在国际商事法庭所受理的案件代理中，有些国家放宽了关于律师代理的限制。例如，外国律师只需要在新加坡进行形式上的注册，就可以在新加坡国际商事法庭出庭进行正式代理，并且在案件代理中享有和新加坡律师同样的权利义务。目前已有 80 名左右的外国律师完成了注册。《荷兰国际商事法庭程序规则》规定，除非法律另有规定，当事方不能自己代理，必须由荷兰律师协会的律师代理。欧盟成员国和瑞士的律师不可以作

---

〔1〕 单文华："国际商事法庭建设域外经验与中国贡献"，载《中国审判》2018 年第 15 期。

出如提交起诉状或答辩状等程序行为，但是可以依法以其他方式为当事人进行代理。上述国家和地区之外的外籍律师不能在荷兰国际商事法庭进行代理。而我国《规定》并未对外国律师代理国际商事法庭的案件作出规定，因此，依照《民事诉讼法》的规定，外国当事人在我国法院起诉、应诉，需要委托律师代理诉讼的，必须委托中国的律师。

5. 是否允许对国际商事法庭判决上诉的问题

是否允许对国际商事法院判决上诉，各国的规定也有所不同。我国国际商事法庭设立在最高人民法院，是最高人民法院的常设审判机构。根据《规定》第 15 条第 1 款，国际商事法庭作出的判决、裁定，是发生法律效力的判决、裁定。这就意味着对我国国际商事法庭作出的判决、裁定，当事人不能上诉。当事人对国际商事法庭的判决、裁定和调解书，可以向最高人民法院本部申请再审。布鲁塞尔国际商事法庭的判决和裁定，当事人也不能上诉。有些国家的国际商事法庭设立有初审法庭和上诉法庭，例如新加坡国际商事法庭和荷兰国际商事法庭，但在上诉条件上有所限制。当事人也可以书面放弃上诉权利或限制上诉范围。国际商事法庭"一审终审"的规定或许会导致对判决公正性和可救济性的合理怀疑，以及当事人上诉权利被剥夺的指责，但在一定程度上能够使国际商事纠纷得到更高效的解决。

6. 国际商事法庭判决的承认和执行问题

许多国家的国际商事法庭均以其判决能够得到最广泛的承认和执行作为吸引当事人的条件之一。

目前，建立国际商事法庭的国家均通过参加国际条约、缔结双边协定或互惠原则扩大承认与执行法院判决的范围。例如，荷兰缔结了《布鲁塞尔公约》《洛迦诺公约》和 2005 年《海牙协议选择法院公约》，荷兰法院包括其国际商事法庭的判决可以在 30 多个国家和地区得到承认和执行。新加坡国际商事法庭通过签署双边条约和多边条约，其法院判决已能够在 40 多个司法辖区得到承认和执行。此外，新加坡已与 10 个司法辖区的法院签署了承认与执行法院判决的双边条约或备忘录。2018 年 8 月 31 日，我国最高人民法院和新加坡最高法院签署《关于承认与执行商事案件金钱判决的指导备忘录》，尽管这份备忘录不是司法协助条约，不具有法律约束力，但备忘录的签署有助于双方在相互承认和执行判决的司法协助方面常态化和制度化，增加各自判决在对方法院获得承认和执行的可预期性。[1]

截至 2018 年 9 月，我国签署并生效的民刑事司法协助条约 19 项，民商事司法协助条约 20 项，在这些司法协助条约中只有与新加坡、韩国、比利时和泰国 4 个国家签署的条约中没有规定外国法院判决的承认和执行规定。整体上看，我国对外签署的关于判决承认与执行的条约数量较少，并且大多数缔约方与我国经贸往来并不是特别频繁。我国于 2017 年签署了《海牙选择法院协议公约》，但尚未批准。2019 年，我国签署确认《承认与执行外国民商事判决公约》的文本，从而使得公约可以开放供各国签署。最高人民法院近年来积极推进我国与"一带一路"沿线国家之间法院判决的承认与执行，在互惠问题上采用"推定互惠"。这些重大转变无疑体现了我国司法积极开放、包容的心态。但不可否认的是，在判决的承认与执行方面，我国国际商事法庭与域外其他国家的国际商事法庭相比，并不占优势。

四、我国国际商事法庭本土化运作中面临的挑战与应对

(一) 立法的支持和突破

综观域外各国国际商事法庭的设立，都得到了本国立法的支持和保障。各国通过专门立法或者修订现有法律（包括宪法在内），为国际商事法庭的设立和运行奠定坚实的法律基础。例如，荷兰议会修订了荷兰民事程序法典部分、新加坡修改宪法关于法官任职条件的规定。而我国国际商事法庭是通过最高人民法院发布司法解释的方法设立的。由于最高人民法院的司法解释不能违反《民事诉讼法》《法官法》和其他立法，这就意味着我国国际商事法庭的设立和运行只能受到我国现行法律的限制，例如诉讼程序必须依据我国的《民事诉讼法》规定，法官只能是根据我国现行法律有资格担任法官的人员等。

---

〔1〕 张勇健、杨蕾："司法机关相互承认执行民商事判决的新探索"，载《人民司法（应用）》2019 年第 13 期。

国际商事法庭作为我国司法体制内的一新生事物，其创设与运行涉及我国司法体系、审判理念的改革，是一个体系化的制度整合过程。同时，我国的国际商事法庭也面临着与域外各国国际商事法庭争夺法律服务市场的竞争。因此，构建一个差异化、特色化的国际商事法庭，应该是我国在"一带一路"倡议下国际商事法庭的定位。差异化、特色化的国际商事法庭不仅需要我国立法的支持，更需要对现行立法的突破，包括管辖权、诉讼程序规则的突破。

（二）我国国际商事法庭国际化的挑战与应对

域外各国的国际商事法庭均体现出国际化特征，即从受案范围到司法人员的构成、从案件审理到司法合作交流，再到判决的承认与执行，都不再把视野局限在本国，而是放眼全球。[1]我国国际商事法庭要实现国际化，需要在管辖权、诉讼程序规则等方面突破现有法律框架。

从国际化角度看，在管辖权方面，我国国际商事法庭确定管辖权"国际性"的标准应更明确和具体，应当与涉外民事诉讼中的"涉外性"的含义有所不同。涉港澳台商事案件、自由贸易试验区内注册的外商独资企业之间的争议是否纳入国际商事法庭的受案范围应当予以明确。尤其是新型国际商事法庭成为各国司法制度国际竞争的焦点之后，其受案范围的"国际性"理应与传统涉外商事法庭的"涉外性"作出明确区分。[2]

在诉讼程序设计上，域外各国国际商事法庭均对其国内诉讼程序进行改造，以避免繁琐、耗费大量时间和金钱成本的诉讼环节，诉讼程序普遍呈现出国际化、高效、简便等特点。尽管我国国际商事法庭目前在诉讼程序上已有考虑到当事人诉讼便利的规定，例如取消域外证据的公证认证手续、外国法查明方式采用开放式规定、诉讼文书的电子化等，但根据2018年11月最高人民法院办公厅印发的《最高人民法院国际商事法庭程序规则（试行）》的规定，其在诉讼程序上与其他人民法院并未有太大区别。未来，在我国国际商事法庭参与诉讼的既有大陆法系也有英美法系的当事人，

---

〔1〕 何其生课题组："论中国国际商事法庭的构建"，载《武大国际法评论》2018年第3期。

〔2〕 吴永辉："论国际商事法庭的管辖权——兼评中国国际商事法庭的管辖权配置"，载《法商研究》2019年第1期。

如果给当事人在诉讼程序上一定的选择权，例如允许当事人申请对程序进行适当的调整，或者允许国际商事法庭使用英语作为工作语言，又或者允许外国律师出庭，这些都会起到鼓励外国当事人或者律师在起草合同时协议选择我国国际商事法庭的作用。

（三）调解、仲裁与诉讼三种机制的协调和衔接

中国国际商事法庭设立的目标之一就是支持当事人采用多元化的纠纷解决机制解决国际商事争端，形成调解、仲裁和诉讼三位一体的"一站式"纠纷解决平台。这也符合多元化纠纷解决机制发展中的"多门法院"（Multidoor Courthouse）理念，即以法院作为多元化纠纷解决机制的中心，到法院的当事人通过"多门"引导至契合其需求和特点的纠纷解决方式。[1]但从我国国际商事法庭目前规定看，国际商事专家委员会的作用还没有得到充分的发挥，不同的争端解决方式的自由切换和无缝衔接尚未完善。

《最高人民法院国际商事法庭程序规则（试行）》第 17 条规定，国际商事专家委员或者国际商事调解机构进行审前调解期限不超过 20 个工作日。国际商事专家委员真正发挥其专长和作用的时间和空间还是比较有限的。此外，国际商事专家委员会的成员有些还是中国国际经济贸易仲裁委员会等仲裁机构的仲裁员。因此，在我国国际商事法庭将来的运作中，如何更充分、更有效地发挥专家委员的专长和作用，以及解决其调解员与仲裁员身份的冲突，也是需要应对的挑战之一。

此外，调解、仲裁与诉讼相结合的"一站式"纠纷解决机制中，不同的争端解决机构与模式之间如何实现自由切换、无缝对接，包括相应的收费及其流转与分配机制。当这些衔接的机制和细节明确到位，我国国际商事法庭及其"一站式"平台才能充分发挥作用。

（四）我国国际商事法庭判决的承认与执行面临的挑战

如前所述，在法院判决的承认与执行方面，我国国际商事法庭并不占优势。近年来，我国最高人民法院积极通过与其他国家最高法院签署执行民商事判决的备忘录，以促进我国民商事判决的域外执行。在国内层面，

---

〔1〕 范愉："委托调解比较研究——兼论先行调解"，载《清华法学》2013 年第 3 期。

最高人民法院正在起草承认与执行外国民商事判决的司法解释，提高外国法院判决在中国承认和执行的便利和透明度。这些积极的信号都表明最高人民法院欲打造外国民商事判决友好型司法机构，目的也是推动我国民商事判决在域外的承认和执行。

目前，最高人民法院正在搭建的诉讼、仲裁和调解的"一站式"多元化纠纷解决平台，如何最大限度地利用《纽约公约》框架下国际商事仲裁裁决的承认和执行机制，以及《新加坡调解公约》项下国际商事调解协议的执行，这需要立法的变通和支持。例如，借鉴迪拜国际金融中心法院的"转化"机制，将我国国际商事法庭的判决"转化"为可以被《纽约公约》承认和执行的仲裁裁决，或者将国际商事专家委员会的调解"转化"为《新加坡调解公约》承认和执行的调解协议。只有这样，才能最大限度地发挥"一站式"纠纷解决平台的作用。

随着"一带一路"建设的深入推进，我国与"一带一路"沿线国家的经贸合作更加密切。营造良好的法治环境，建立公正高效透明的国际商事争端解决机制，已经成为"一带一路"参与主体的最大利益关切和需求。我国国际商事法庭作为多元化纠纷解决机制中重要的一环，目前尚处于运行的初期阶段，还有一些尚未解决的问题。虽然借鉴了国际上其他国家国际商事法庭的创设经验，但我国国际商事法庭的创设和运作仍囿于中国现有司法体制的限制。作为一新生事物，其制度应走在现行立法和司法的前沿，同时，也需要国内立法进一步的支持和完善。这不仅是为了更好地解决"一带一路"新形势下国际商事纠纷的需要，也是为了提升中国在国际商事纠纷解决领域的主动权和话语权。

第三节　国际商事争议多元化纠纷解决机制的发展

一、我国国际商事争议解决机制的现状与问题

如本书第二章、第三章和第四章所述，我国现行的解决国际商事争议的方式主要有国际商事调解、国际商事仲裁和国际民商事诉讼模式。这些

不同的方式各有所长，但也存在一定的局限性。

国际商事调解解决争议成本较低，程序灵活，在解决争议的同时，还可以维护当事人良好的商业关系。但是，我国并没有一部统一的商事调解法，我国签署的《新加坡调解公约》，也面临如何与中国的商事调解制度衔接的问题。我国国际商事调解制度的市场化机制不足，没有规范的调解收费机制，导致我国的国际商事调解在国际竞争力、吸引力和公信力上都远远不够。

国际商事仲裁由于其民间性、保密性、专业性，以及各国对《纽约公约》的普遍接受，通过仲裁方式解决国际商事争议得到商人们的青睐。但是，目前的国际商事争议主要被西方仲裁机构和临时仲裁所垄断。[1]我国《仲裁法》关于涉外仲裁的规定滞后于国际商事仲裁法律制度的发展，难以满足向国际商事争议的当事人提供符合国际标准仲裁司法环境的要求。

国际民商事诉讼是纠纷解决途径中最具有公信力的方式，也是公平正义的最后一道防线。但其也面临着域外送达周期长、域外取证困难，以及法院判决在域外承认和执行的难题。因此，法院诉讼方式往往不是国际商事争议当事人的首选。

二、国际商事争议多元化纠纷解决机制的确立和发展

多元化纠纷解决机制是指在一个社会中，包括诉讼与非诉讼方式在内的多样的纠纷解决方式以其特定的功能相互协调、共同存在，所构成的一种满足社会主体多样需求的程序体系和动态的调整系统。[2]

（一）以国际商事法庭为核心的多元化纠纷解决机制的建立

2018 年，中共中央办公厅、国务院办公厅印发《关于建立"一带一路"国际商事争端解决机制和机构的意见》，明确最高人民法院将设立国际商事法庭，更好地应对共建"一带一路"新形势下的国际商事纠纷，公正、高效、便利且低成本地解决包括涉"一带一路"建设纠纷在内的各类国际商事纠纷，平等保护中外当事人合法权益，努力营造稳定、公平、透明、可

---

〔1〕 王贵国："'一带一路'争端解决制度研究"，载《中国法学》2017 年第 6 期。
〔2〕 范愉：《纠纷解决的理论与实践》，清华大学出版社 2007 年版，第 221 页。

预期的法治化营商环境。同时，该意见提出，要推动建立诉讼、调解、仲裁有机衔接的多元化纠纷解决机制，形成便利、快捷、低成本的"一站式"争端解决中心。2018 年 6 月，最高人民法院在广东省深圳市设立第一国际商事法庭、在陕西省西安市设立第二国际商事法庭，这标志着专门从事国际商事纠纷解决的司法机构在我国正式诞生。

2018 年 6 月 27 日，最高人民法院公布《关于设立国际商事法庭若干问题的规定》，对国际商事法庭的管辖权、组建国际商事专家委员会等内容进行了规定。同年 11 月 13 日，最高人民法院办公厅又发布了《关于确定首批纳入"一站式"国际商事纠纷多元化解决机制的国际商事仲裁及调解机构的通知》，确定了中国国际经济贸易仲裁委员会、上海国际经济贸易仲裁委员会、深圳国际仲裁院、北京仲裁委员会、中国海事仲裁委员会以及中国国际贸易促进委员会调解中心、上海经贸商事调解中心，作为首批纳入"一站式"国际商事纠纷多元化解决机制的仲裁和调解机构。2018 年 11 月，最高人民法院办公厅又印发《最高人民法院国际商事专家委员会工作规则（试行）》和《最高人民法院国际商事法庭程序规则（试行）》，对国际商事专家委员会的组成、职责以及国际商事法庭审理案件的程序规则进行了规定。

2019 年 7 月 31 日，最高人民法院发布《关于建设一站式多元解纷机制一站式诉讼服务中心的意见》，提出"一站式多元解纷、一站式诉讼服务"的工作目标、完善诉前多元解纷联动衔接机制、建设类型化专业化调解平台、完善诉调一体对接机制、完善"分调裁审"机制、推动建设应用在线调解平台等措施。2019 年 12 月，最高人民法院发布《关于人民法院进一步为"一带一路"建设提供司法服务和保障的意见》，提出进一步完善国际商事法庭工作机制，不断提升国际商事法庭的国际影响力、公信力和吸引力，进一步加强"一站式"国际商事争端解决机制建设，为"一带一路"建设参与方提供优质高效法律服务。

2021 年 7 月，最高人民法院"一站式"国际商事纠纷多元化解决平台在国际商事法庭网站上线启动试运行。该平台的建成，实现了国际商事法庭诉讼机制与调解、仲裁机制的在线对接和信息共享，将形成协同效应，有力推动国际商事纠纷多元化解决机制的落地见效。

（二）各地关于国际商事争议多元化纠纷解决机制的设立情况

1. 北京市

2016 年 10 月，由北京融商"一带一路"法律与商事服务中心成立"一带一路"国际商事调解中心，推行倡导以调解方式解决"一带一路"国际商事纠纷，与"一带一路"沿线国家政府、司法机关合作推动诉调对接、调解协议的司法确认和域外执行，形成了"调解与诉讼、仲裁、公证对接，线上与线下、国内与国外、官方与民间对接"的工作模式。通过在国内和国外设立的线下调解室以及与各国商事与法律等机构签署的合作协议，依靠当地机构及其在相关国家和地区设立的分支机构，在全球实现线上线下调解的结合与联动，受理国内外民商事案件逾 6000 宗，调解结案成功率达60%。[1]

随着北京"两区"建设的深入推进和贸易投资自由化便利化政策的实施，各类国际商事主体的纠纷解决需求随之增长，北京市不断加强国际商事纠纷解决机制的建设。

2021 年 3 月，最高人民法院发布《关于人民法院为北京市国家服务业扩大开放综合示范区、中国（北京）自由贸易试验区建设提供司法服务和保障的意见》，指出要加强涉外审判体系和审判能力建设，营造国际一流法治化营商环境，加强国际商事纠纷机制建设，加强北京法院国际商事纠纷一站式多元解纷中心建设。探索引入国内外知名国际商事仲裁机构、国际商事调解组织，学习借鉴国际一流纠纷解决规则和纠纷解决机构管理经验，打造一流国际商事纠纷解决中心。支持境外知名仲裁及争议解决机构在自由贸易试验区内设立业务机构，就国际商事、投资等领域民商事争议开展仲裁业务。依法支持和保障中外当事人在仲裁前和仲裁中的财产保全、证据保全、行为保全的申请和执行。支持在自由贸易试验区内注册的企业之间约定在特定地点、按照特定仲裁规则、由特定人员对相关争议进行仲裁。

---

〔1〕 北京融商"一带一路"法律与商事服务中心：http://www.bnrmediation.com/CN/About，最后访问日期：2023 年 1 月 3 日。

恪守国际公约义务，依照《承认及执行外国仲裁裁决公约》承认和执行外国仲裁裁决。支持国际商事争端预防与解决组织落地运营。2020年12月，北京市司法局印发《境外仲裁机构在中国（北京）自由贸易试验区设立业务机构登记管理办法》，规定境外仲裁机构经登记可以在中国（北京）自由贸易试验区设立业务机构，就国际商事、投资等领域民商事争议开展涉外仲裁业务。

2021年1月20日，北京法院国际商事纠纷一站式多元解纷中心在北京市第四中级人民法院成立。该中心是服务保障北京市服务业扩大开放综合试点建设和自由贸易试验区建设而设立的，集国际商事纠纷诉讼、调解、仲裁于一体的一站式多元解纷机构。该中心制定出台《国际商事纠纷一站式多元解纷中心工作规则》，统筹诉讼、仲裁、调解等工作。2021年12月，北京国际商事法庭在北京市第四中级人民法院成立，其集中管辖北京市第一审涉外、涉港澳台地区商事案件、仲裁司法审查案件及司法协助类案件。这是全国在地方设立的第二个国际商事法庭。北京国际商事法庭积极引入北京市多元调解发展促进会、"一带一路"国际商事调解中心等多元调解组织，探索适用"外籍调解员+域内调解员"联合调解，与行业性专业调解组织、仲裁机构合作共建，为中外当事人提供高效、便捷、低成本的"一站式"法律服务。

2. 上海市

2011年，上海经贸商事调解中心（SCMC）成立，这是中国第一家民非性质专业从事商事纠纷调解的机构，其坚持实行市场化运营，为我国涉外商事调解机制发展进行了有效的探索和实践。

2014年5月，上海市浦东新区人民法院正式启动自由贸易试验区诉讼与非诉讼相衔接的商事争议解决机制，将商事调解组织、行业调解组织及其他具有调解职能的组织引进自由贸易试验区法庭，建立特邀调解组织名册，将属于自由贸易试验区法庭受案范围的、适宜委托调解的自由贸易试验区商事争议，经当事人同意，启动非诉调解程序，诉前委派、庭前委托或者审中委托相关调解组织进行调解，法院依照有关规定审查确认调解协议的法律效力。2015年10月，浦东新区人民法院成立"诉调对接中心自贸试验区商事争议解决分中心"，在探索建立统一的商事争议解决规则、健全商事争议多元解决机制等方面发挥统筹协调作用。2017 年 5 月，上海市第一中级人民法院制定《商事多元化纠纷解决机制实施细则》，进一步健全商事非诉机制，完善非诉解纷机制的流程及相关司法确认程序，为商事非诉机制的规范运作提供制度保障。

2014 年 4 月，上海国际仲裁中心发布《中国（上海）自由贸易试验区仲裁规则》，充分体现了仲裁与调解相结合，创设仲裁庭组成前的调解员调解制度。2015 年 4 月，国务院发布《关于印发进一步深化中国（上海）自由贸易试验区改革开放方案的通知》，批准了《进一步深化中国（上海）自由贸易试验区改革开放方案》，并明确提出"支持国际知名商事争议解决机构入驻，提高商事纠纷仲裁国际化程度。探索建立全国性的自贸试验区仲裁法律服务联盟和亚太仲裁机构交流合作机制，加快打造面向全球的亚太仲裁中心"的任务和措施。在《进一步深化中国（上海）自由贸易试验区改革开放方案》颁布后，境外争议解决机构相继入驻上海自由贸易试验区，我国香港国际仲裁中心（HKIAC）、国际商会国际仲裁院（ICC）、新加坡国际仲裁中心（SIAC）等国际知名仲裁机构纷纷在上海自由贸易试验区设立代表处。2019 年 7 月，国务院印发《中国（上海）自由贸易试验区临港新片区总体方案》，正式允许符合规定条件的境外仲裁机构在上海自由贸易试验区临港新片区设立业务机构，就国际商事、海事、投资等领域发生的民商事争议开展实质性仲裁业务。2019 年 10 月，上海市司法局发布《境外仲裁机构在中国（上海）自由贸易试验区临港新片区设立业务机构管理办法》，从行政管理角度对境外仲裁机构内地业务机构的设立条件、主管机关、审批程序及业务范围作出规定。2019 年 12 月，最高人民法院出台《关于人民法院为中国（上海）自由贸易试验区临港新片区建设提供司法服务和保障的意见》，从司法保障角度表明将支持上海自由贸易试验区临时仲裁等创新做法，以及将从保全、裁决司法审查和有效执行等方面加大对境外仲裁机构境内仲裁业务的司法支持力度。行政与司法双管齐下，完成了境外仲裁机构内地仲裁制度从中央政策到地方配套方案、从政策驱动到法治先行的落地实施，为其他城市和地区在纠纷解决领域进行类似制度改革提供了路径参考。[1]

3. 深圳市

2014 年 12 月，经最高人民法院批准，深圳前海深港现代服务业合作区成立综合性司法改革示范法院，集中管辖深圳市基层人民法院审理的一审涉外、涉港澳台商事案件，服务和保障前海深港现代服务业合作区与前海蛇口自由贸易试验区发展。2018 年 1 月，深圳前海合作区人民法院与香港和解中心、粤港澳商事调解联盟、澳门世界贸易中心仲裁中心、深圳国际仲裁院等 47 家域内外仲裁、调解机构合作建立"一带一路"国际商事诉调对接中心，打造国际化、专业化、市场化、信息化多元衔接的国际商事争议解决平台。该对接中心聘请港澳台地区和外籍法律专业人士作为调解员，采用"香港地区调解员+内地调解员"以及"香港地区调解员+内地调解法官"等联合调解模式，解决大量的涉港澳台商事案件。

除了前海"一带一路"国际商事诉调对接中心，近年来，粤港澳商事调解联盟、蓝海法律查明和商事调解中心、前海国际商事调解中心等国际商事调解机构在前海接连涌现。深圳国际仲裁院成立粤港澳商事调解联盟，强化与香港和解中心、香港国际仲裁中心、澳门世界贸易中心仲裁中心等 9 家知名域外调解组织合作，开展粤港澳三地专业调解员联合培训和资格互认。此外，还成立了商事调解协会，以推动商事调解规则标准化、国际化和市场化。前海国际商事调解中心开展跨境调解，与日内瓦国际调解中心、瑞中法律协会等开展深度合作；蓝海法律和查明商事调解中心，积极引进美国等境外调解业务新模式，挂牌运作"商事纠纷中立评估基地"，进一步丰富了调解服务形态。

三、国际商事争议多元化纠纷解决机制的完善建议

国际商事争议多元化纠纷解决机制，就是要打通以往在调解、诉讼、仲裁三种不同程序之间的隔阂和障碍，充分发挥三种程序的不同优势，根

---

[1] 刘晓红、冯硕："制度型开放背景下境外仲裁机构内地仲裁的改革因应"，载《法学评论》2020 年第 3 期。

据国际商事争议的实际情况，在三种程序之间进行选择与转换，使调解、诉讼和仲裁三种纠纷解决方式相互协调、相互配合、无缝转换、衔接流畅、形成合力的运行机制，真正为国际商事争议的解决提供更加高效、便利、快捷、低成本的方案。要想真正实现上述目标，需要在以下几个方面加以完善：

第一，国际商事争议纠纷入口的分流体系建设。国际商事争议，可根据纠纷的不同类型和实际情况，分流到不同的争议解决程序中。在国际商事争议立案登记后，根据争议的具体情况进行评估，重点考察当事人情况、争议的事实发生地、被告的主要财产所在地、双方是否有仲裁协议、当事人意愿等因素，将案件分流到不同的程序中。对于一些事实比较简单、双方争议不大，且双方有调解意向的国际商事争议，可分流到调解程序中。对于双方有仲裁协议，或者曾约定过仲裁协议，但仲裁协议无效或者存在瑕疵，或者被告的主要财产在境外，裁决可能需要在境外申请执行的争议，或者双方均为国外当事人，争议的事实主要发生在境外，对于这些国际商事争议，比较适宜国际商事仲裁程序，可分流到仲裁程序中。对于双方当事人争议较大，当事人坚持诉讼的案件，或者一方下落不明，需要涉外公告送达的争议，或者双方均为境内主体，或者主要财产或争议事实主要发生在境内的国际商事争议，可分流到诉讼程序中。

第二，国际商事争议解决程序的转换和流程推进体系完善。在国际商事争议解决流程的推进过程中，应根据实际需要，国际商事争议可及时转换到最适合的解决程序中。对于进入调解程序的案件，如果能够达成和解协议，可以根据当事人意愿，通过法院确认或仲裁确认的方式，由法院出具调解书或仲裁机构出具裁决书的方式结案；对于无法达成和解协议的，由双方达成新的仲裁协议进入仲裁程序，或者进入诉讼程序。对于进入诉讼或仲裁程序的案件，确有必要转换程序的，可以根据双方新达成的仲裁协议进入仲裁程序，或者由仲裁机构组织双方排除仲裁条款进入诉讼程序。同时，对于当事人在诉讼或仲裁程序中愿意调解的，经当事人同意，可以委托调解机构进行调解，达成和解协议的，由法院出具调解书或者仲裁机构出具裁决书。此外，如何在法律层面有效融合和衔接不同的程序，也是需要考虑的问题。例如，在诉讼中已经申请财产保全的案件，在向仲裁程序转换时，相应保全能否继续保留并实现平移。

第三，配套辅助系统的完善。搭建统一的国际商事争议"一站式"解决平台，汇集与争议解决相关的公证、外国法查明、专业翻译、专家咨询等配套与辅助机制，保障纠纷解决程序推进的流畅与完整。

结　语 ▸▸▸▸

　　党的二十大报告首次单独把法治建设作为专章论述、专门部署，充分体现了党中央对全面依法治国的高度重视。报告明确强调统筹推进国内法治和涉外法治。统筹国内法治和涉外法治，必须立足中国实际，切实解决中国问题。党的二十大报告特别强调的重点领域、新兴领域、涉外领域立法，就是统筹推进国内法治和涉外法治的重中之重。

　　与国内民商事争议解决不同，涉外民商事争议解决因所涉法律关系本身具有的跨国属性，必然与不同国家或地区产生联系。一般来说，国际商事调解、国际商事仲裁和国际民商事诉讼是解决国际商事争议的三驾马车。国际商事调解，因其成本低、程序灵活、有利于保持当事人长期的商业关系等原因，日益受到商事主体的青睐。并且，《新加坡调解公约》的生效，为国际和解协议的跨境执行提供了法律框架和依据。国际商事仲裁，以其自主性、专业性、保密性、仲裁裁决执行的便利性等特点，成为国际商事争议解决的主要方式。尤其是已有 172 个缔约国的《纽约公约》更为国际商事仲裁裁决的承认和执行提供了便利，使得国际商事仲裁成为国际商事争议解决的首选方式。国际民商事诉讼，作为国家司法主权的体现，在一定程度上，一国国内法院的管辖权、域外送达和域外取证、法院判决的承认和执行，均体现出严格的属地性。尽管国际社会也签署了众多的国际公约，为各国法院管辖权的协调、域外送达和域外取证、外国法院判决的承认和执行，提供了法律依据，但总体上，国际公约在协调各国国际民商事诉讼的冲突方面，发挥的作用和空间还是有限的。

　　近年来，我国为了更好地应对"一带一路"新形势下的国际商事争议，平等保护当事人合法权益，营造稳定、公平、透明、可预期的法治化营商环境，公正、高效、便利且低成本地解决各类国际商事争议，最高人民法院一直在推动建立诉讼、调解、仲裁有机衔接的多元化纠纷解决机制。2018年我国国际商事法庭的设立，标志着专门从事国际商事纠纷解决的司法机构的诞生。随后，最高人民法院发布各类司法解释、意见和通知，提出"一站式多元解纷"的工作目标，完善诉前多元解纷联动衔接机制，建设类型化专业化调解平台，完善诉调一体对接机制和"分调裁审"机制，推动建设在线调解平台等措施。此外，2021年，最高人民法院"一站式"国际商事纠纷多元化解决平台在国际商事法庭网站上线启动试运行，实现了国际商事法庭诉讼机制与调解、仲裁机制的在线对接和信息共享。未来，我国国际商事争议多元化纠纷解决机制将得到更进一步的发展和完善。

本书案例索引 ▶▶▶▶

案例名称	审理法院及案件号
袁某钢、包某敏骗取出境证件案	《刑事审判参考》2000 年第 4 辑，第 69 号案
季某丽、James Jing Zhang 民政行政管理再审审查与审判监督案	中华人民共和国最高人民法院 [2020] 最高法行申 11360 号案
郭某、李某与青岛昌隆文具有限公司股东资格确认纠纷案	山东省高级人民法院 [2016] 鲁民终 2270 号案
南洲环艺置业（南京）有限公司与沈业根商品房预售合同纠纷管辖权异议案	江苏省南京市中级人民法院 [2014] 宁民辖终字第 371 号案
朝来新生公司申请承认和执行大韩商事仲裁院仲裁裁决案	北京市第二中级人民法院 [2013] 二中民特字第 10670 号案
广东省银行新加坡分行诉惠州麦科特集装箱有限公司案	中华人民共和国最高人民法院 [2001] 民四终字第 26 号案
利夫糖果（上海）有限公司申请承认和执行新加坡国际仲裁中心仲裁裁决案	上海市第二中级人民法院 [2008] 沪二中民五（商）初字第 19 号案
天津某公司申请承认和执行中国国际经济贸易仲裁委员会仲裁裁决案	中华人民共和国最高人民法院 [2013] 执监字第 182 号案
宁波新汇公司申请撤销中国国际经济贸易仲裁委员会仲裁裁决案	北京市第四中级人民法院 [2015] 四中民（商）特字第 00152 号案
上海科匠信息科技有限公司申请确认仲裁协议效力无效案	上海市第二中级人民法院 [2014] 沪二中民认（仲协）字第 13 号案
成都华川进出口集团有限公司诉招商银行股份有限公司成都科华路支行案	中华人民共和国最高人民法院 [2014] 民申字第 2078 号案

续表

案例名称	审理法院及案件号
西门子公司申请承认和执行新加坡国际仲裁中心裁决案	上海第一中级人民法院［2013］沪一中民认（外仲）字第 2 号案
美克斯海洋工程设备股份有限公司申请确认仲裁协议效力案	上海海事法院［2017］沪 72 民特 181 号案
大连东洋置业有限公司诉大连日创置业有限公司委托合同纠纷再审案	辽宁省高级人民法院［2010］辽民三申字第 11 号案
马来西亚航空公司与厦门太古飞机工程有限公司服务合同纠纷案	中华人民共和国最高人民法院［2012］民四他字第 4 号复函
长沙新冶实业有限公司申请撤销长沙仲裁委员会仲裁裁决案	中华人民共和国最高人民法院［2007］民四他字第 43 号案
张家港星港电子公司与博泽国际公司合资合同争议案	中华人民共和国最高人民法院［2006］民四他字第 1 号案
福建泉州老船长鞋业有限公司与地波里国际开发有限公司合同争议案	中华人民共和国最高人民法院［2016］最高法民他 78 号复函
中化国际石油（巴哈马）有限公司与海南昌盛石油开发有限公司合同争议案	中华人民共和国最高人民法院交他字［2000］第 14 号案
齐鲁制药厂与美国安泰国际贸易公司合资合同纠纷案	中华人民共和国最高人民法院法函［1996］第 176 号案
山东蓝海生态农业有限公司与金鹰水产（香港）有限公司申请确认仲裁协议效力案	中华人民共和国最高人民法院［2018］最高法民他 25 号复函
深圳市粮食集团有限公司诉来宝资源有限公司（新加坡）买卖合同纠纷案	中华人民共和国最高人民法院［2010］民四他字第 22 号案
浙江一顺进出口有限公司与 MOHAMED. MOHAMOUD. OULD. MOHAMED 国际货物买卖纠纷案	中华人民共和国最高人民法院［2011］民四他字第 8 号案
安徽省合肥联合发电有限公司诉阿尔斯通发电股份有限公司建设工程合同纠纷案	中华人民共和国最高人民法院［2003］民四他字第 7 号案

续表

案例名称	审理法院及案件号
中国长江动力公司申请确认仲裁条款无效案	广东省深圳市中级人民法院［1999］深中法经二初字第 72 号案
西恩服务公司与沧州乾成公司买卖合同纠纷案	中华人民共和国最高人民法院［2012］民四他字第 39 号案
运裕有限公司与深圳市中苑城商业投资控股有限公司申请确认仲裁协议效力案	中华人民共和国最高人民法院［2019］最高法民特 1 号案
高士通公司申请撤销中国国际经济贸易仲裁委员会仲裁裁决案	北京市第四中级人民法院［2015］四中民（商）特字第 00108 号案
张某、盛兰控股集团（BVI）有限公司与甜蜜生活美食集团控股有限公司申请撤销仲裁裁决案	中华人民共和国最高人民法院［2019］最高法民特 5 号案
郑某基（ChungHan Gi）申请撤销中国国际经济贸易仲裁委员会仲裁裁决案	北京市第四中级人民法院［2015］四中民（商）特字第 218 号案
山西天利实业有限公司申请承认和执行国际商会仲裁院仲裁裁决案	中华人民共和国最高人民法院［2004］民四他字第 6 号案
布兰特伍德申请承认和执行仲裁裁决案	广东省广州市中级人民法院［2015］穗中法民四初字第 62 号案
美国沃斯特-阿尔卑斯（Voest-Alpine）国际贸易公司申请承认和执行新加坡国际仲裁中心仲裁裁决案	江苏省南京市中级人民法院［2008］宁民五初字第 43 号案
澳大利亚卡斯特尔（Castel）电子有限公司与 TCL 空调器（中山）有限公司争议案	中华人民共和国最高人民法院［2013］民四他字第 46 号复函

续表

案例名称	审理法院及案件号
英国嘉能可有限公司申请承认和执行英国伦敦金属交易所仲裁裁决案	中华人民共和国最高人民法院［2001］民四他字第 2 号复函
IM 全球有限责任公司申请承认和执行独立电影电视联盟国际仲裁院仲裁裁决案	天津市第一中级人民法院［2018］津 01 协外认 2 号案
新加坡益得满亚洲私人有限公司申请承认和执行英国伦敦可可协会仲裁裁决案	中华人民共和国最高人民法院［2001］民四他字第 43 号复函
艾伦宝棉花公司申请承认和执行国际棉花协会仲裁裁决案	中华人民共和国最高人民法院［2014］民四他字第 32 号复函
韩国（株）TS 海码路公司申请承认和执行大韩商事仲裁院裁决案	中华人民共和国最高人民法院［2005］民四他字第 46 号复函
博而通株式会社申请承认和执行大韩商事仲裁院仲裁裁决案	中华人民共和国最高人民法院［2006］民四他字第 36 号复函
德国舒乐达公司申请承认和执行德国汉堡交易所商品协会仲裁裁决案	中华人民共和国最高人民法院［2004］民四他字第 31 号复函
世界海运管理公司申请承认和执行外国仲裁裁决案	中华人民共和国最高人民法院［2006］民四他字第 34 号复函
美国 TH&T 国际公司申请承认和执行国际商会仲裁裁决案	四川省成都市中级人民法院［2002］成民初字第 531 号案
美国 GMI 公司申请承认和执行英国伦敦金属交易仲裁裁决案	中华人民共和国最高人民法院［2003］民四他字第 12 号复函

案例名称	审理法院及案件号
丸万株式会社申请承认和执行日本商事仲裁协会仲裁裁决案	北京市第二中级人民法院［2013］二中民特字第 12593 号案
马绍尔群岛第一投资公司申请承认和执行英国伦敦临时仲裁庭仲裁裁决案	中华人民共和国最高人民法院［2007］民四他字第 35 号复函
来宝资源国际私人有限公司申请承认和执行新加坡国际仲裁中心仲裁裁决案	中华人民共和国最高人民法院［2017］最高法民他 50 号复函
埃康农工有限公司申请承认和执行国际棉花协会仲裁裁决案	广东省深圳市中级人民法院［2014］深中法涉外初字第 60 号案
ED&F 曼氏（香港）有限公司申请承认和执行伦敦糖业协会仲裁裁决案	中华人民共和国最高人民法院［2003］民四他字第 3 号复函
吴某英申请承认和执行蒙古国家仲裁庭仲裁裁决案	中华人民共和国最高人民法院［2009］民四他字第 33 号复函
永宁公司案	中华人民共和国最高人民法院［2008］民四他字第 11 号复函
浩普公司案	中华人民共和国最高人民法院［2016］民四他字第 8 号复函
日本三井物产株式会社申请承认和执行瑞典斯德哥尔摩商会仲裁院裁决案	中华人民共和国最高人民法院［2001］民四他字第 12 号复函
天瑞酒店投资有限公司申请承认和执行伦敦国际仲裁院仲裁裁决案	中华人民共和国最高人民法院［2010］民四他字第 18 号复函

续表

案例名称	审理法院及案件号
福建纵横高速信息技术有限公司、福建分众传媒有限公司等与史带开曼投资公司申请不予执行仲裁裁决案	福建省福州市中级人民法院〔2014〕榕执监字第51号案
GRDMinproc 有限公司申请承认并执行瑞典斯德哥尔摩商会仲裁院仲裁裁决案	中华人民共和国最高人民法院〔2008〕民四他字第48号复函
韦斯顿瓦克公司申请承认与执行英国仲裁裁决案	中华人民共和国最高人民法院〔2012〕民四他字第12号复函
路易达孚商品亚洲有限公司申请承认和执行外国仲裁裁决案	中华人民共和国最高人民法院〔2010〕民四他字第48号复函
林某珠等与陈某不动产转让合同纠纷案	中华人民共和国最高人民法院〔2011〕民申字第1012号案
山东聚丰网络有限公司与韩国 MGAME 公司、天津风云网络技术有限公司网络游戏代理及许可合同纠纷管辖权异议案	中华人民共和国最高人民法院〔2009〕民三终字第4号案
上海衍六国际货物运输代理有限公司与长荣海运股份有限公司海上货物运输合同纠纷案	中华人民共和国最高人民法院〔2011〕民提字第301号案
德力西能源私人有限公司与东明中油燃料石化有限公司国际货物买卖合同管辖权纠纷再审案	中华人民共和国最高人民法院〔2011〕民提字第312号案
高某保证合同纠纷案	上海市高级人民法院〔2016〕沪民辖终99号案
美怡有限公司等与龙峰国际香港有限公司股权转让纠纷案	上海市高级人民法院〔2017〕沪民辖终96号案
徐某明与张某华股权转让纠纷案	中华人民共和国最高人民法院〔2015〕民申字第471号案

案例名称	审理法院及案件号
丙部高科有限公司等与南京丁洋化工运贸有限公司海事保函争议案	湖北省高级人民法院［2012］鄂民四终字第 00130 号案
天卓国际发展有限公司诉盈发创建有限公司借款合同纠纷案	天津市高级人民法院［2016］津高民终 45 号案
国泰世华商业银行股份有限公司与高某保证合同纠纷案	上海市高级人民法院［2016］沪民辖终 99 号案
尚德电力控股有限公司诉尚德电力投资有限公司企业借贷纠纷管辖权异议案	上海市高级人民法院［2015］沪高民二（商）终字第 57 号案
明斯克自动线生产联合公司申请承认及执行白俄罗斯共和国最高经济法庭判决案	中华人民共和国最高人民法院［2003］民四他字第 4 号复函
萨沙·鲁道夫·塞豪斯（Sascha Rudolf Seehaus）申请承认和执行德国地方法院裁定案	湖北省武汉市中级人民法院［2012］鄂武汉中民商外初字第 00016 号案
科玛（Kolmar）申请承认和执行新加坡高等法院判决案	江苏省南京市中级人民法院［2016］苏 01 协外认 3 号案
刘某申请承认和执行美国加州地方法院判决案	湖北省武汉市中级人民法院［2015］鄂武汉中民商外初字第 00026 号案
崔某元等申请承认与执行韩国法院判决案	山东省青岛市中级人民法院［2018］鲁 02 协外认 6 号案
温某川等申请承认与执行美国法院判决案	浙江省宁波市中级人民法院［2018］浙 02 协外认 6 号案
无锡洛补印染有限公司申请承认和执行美国加州法院判决案	江苏省无锡市中级人民法院［2017］苏 02 协外认 1 号案
Americhip 公司申请承认和执行新西兰高等法院判决案	广东省深圳市中级人民法院［2018］粤 03 民初 420 号案
中国趋势控股有限公司等与马某虎等联营合同纠纷案	北京市高级人民法院［2020］京民终 205 号案

续表

案例名称	审理法院及案件号
北京颖泰嘉和生物科技股份有限公司与美国百瑞德公司居间合同纠纷案	北京市海淀区人民法院［2015］海民（商）初字第 11214 号案
Eagle Ride Investments Limited 与朱安源借款合同纠纷案	北京市西城区人民法院［2015］西民（商）初字第 24006 号案
浙江中泰创展企业管理有限公司与城启投资有限公司等保证合同纠纷案	北京市第四中级人民法院［2019］京 04 民初 627 号案
国家开发银行香港分行与杨某夫等借款合同纠纷案	北京市高级人民法院［2016］京民初 57 号案
国家开发银行与金某东等金融借款合同纠纷案	北京市高级人民法院［2017］京民初 23 号案
天威新能源控股有限公司法律服务合同纠纷案	北京市高级人民法院［2014］高民（商）初字第 04917 号案